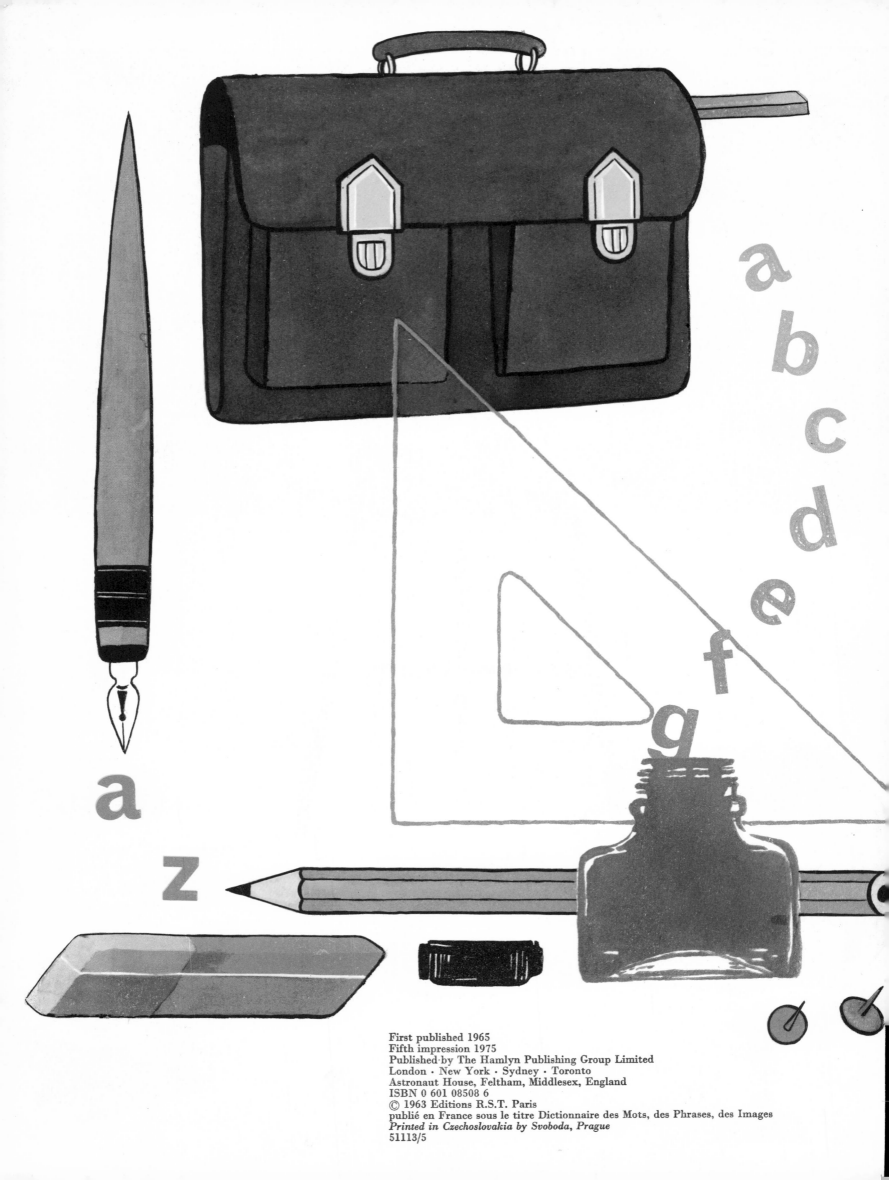

First published 1965
Fifth impression 1975
Published by The Hamlyn Publishing Group Limited
London · New York · Sydney · Toronto
Astronaut House, Feltham, Middlesex, England
ISBN 0 601 08508 6
© 1963 Editions R.S.T. Paris
publié en France sous le titre Dictionnaire des Mots, des Phrases, des Images
Printed in Czechoslovakia by Svoboda, Prague
51113/5

ALL IN FRENCH · TOUT EN FRANÇAIS

A PICTURE BOOK OF WORDS AND PHRASES

Un livre illustré de mots et de phrases

BY AIMÉ GABILLON

Illustrations by Gilly

HAMLYN

LONDON · NEW YORK · SYDNEY · TORONTO

A note to parents and teachers on the use of this book

This book was written for French children; it has enjoyed considerable success in France and in Britain.

As well as being a popular playtime book, it is also a valuable introduction to the language. Spoken French is being taught more and more in the Primary schools, and this book will serve to strengthen and underline that classroom work. Many teachers have been struck by the possibilities of this method; they see immediately how the clever construction of this book makes it completely suitable for such work. There is a wealth of picture material accompanied by simple definitions in good French; this is exactly what is needed to form the basis of the lessons, and yet it is not stilted or like a text-book.

The words in the book have been chosen by a French scholar from lists compiled by French educational authorities as being those most suited for their own children; from this book French children can obtain easy control of the material needed for them to understand and speak their own language well. All the definitions are within the understanding of children, whether French or English; they are based on the language children use, and are in no way abstract and difficult.

The illustrations are simple, clear and striking—lively, but at the same time accurate. Children will become aware of their variety and richness as they use the book. The illustrated headings to each letter of the alphabet and the thirty large illustrations will answer or invoke a thousand questions, and will give the child an opportunity to pause and enjoy simply looking; they will not only sharpen a child's observation but also encourage him to use his imagination to the full.

At the end of the book there is a short grammar dealing with simple ideas of what a noun and verb are. It describes word-families and compares words having the same sound but different meanings. There is also a special selection of idioms and proverbs of great value to older children beginning to read French fairly well. The idioms are translated literally and the English equivalent is given. In the case of the proverbs, the English is usually close enough for the French to be understood without explanation.

All children, whatever their ages, will derive profit and pleasure from this book. Indeed, it may be enjoyed by everyone who is interested in the study of French.

A few hints for parents or teachers who would like to help their children to learn French

Let the child look at the book and become used to the pictures and large illustrations. He may wish to draw his own copies of the pictures. These drawings can be stuck to thin cardboard and made into cut-outs, or mounted on flannel to stick to a flannelgraph. (This simple device is well-known to teachers. If you do not know how to make a flannelgraph, you can learn how by looking in the Children's Section of your Local Library.) Visual aids such as these will stimulate the child's imagination; further, creating and seeing the object will help him remember the word associated with it. Get the child to repeat the names of the objects after you, and gradually help him to build his vocabulary.

At first encourage the child to repeat the words after you, rather than letting him read them for himself. After he has become familiar with the sound of the language, he will want to read it for himself.

You will soon become familiar with the little devices of substitution and question and answer which will make the lessons interesting to the child.

Remember that you will need to repeat words and phrases many times. Do not be in a hurry! Continuous revision will gradually strengthen and co-ordinate the child's knowledge of the language. The final stage for him will be when he can find, read and understand any definition in the book.

à

Bernard va
   à l'école.
   Il rentrera
   à 11 heures.

âge

« Quel *âge* a
   ton grand
   frère ?
   — Il a
   douze ans. »

acheter

Françoise *achète*
   des gâteaux.

agréable

Il est *agréable*
   de
   se baigner
   quand
   il fait chaud.

adroit, adroite

Yves est *adroit* :
   il jongle avec
   trois balles.

aider

Élisabeth *aide* Maman
   à porter
   ses sacs de provisions.

aiguille

Je couds avec une *aiguille*.

La pendule a deux *aiguilles*,
    une grande et une petite.

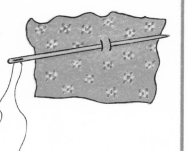

allumer

Papa *allume* sa cigarette
    avec une allumette.

aile

« Regarde les belles *ailes*
    du papillon. »

ami, amie

Claire est mon *amie* :
    nous nous aimons
    bien toutes les deux.

aimer

J'*aime* Papa et Maman.

Nous *aimons* jouer
    avec nos
    camarades.

amuser

Jean-Luc s'*amuse*
    avec ses cubes.

air

Les oiseaux volent
    dans l'*air*.

ananas

L'*ananas* est un fruit
    des pays chauds.

aller

Je *vais* envoyer cette lettre
    à mes grands-parents.

âne

L'*âne* a de longues
    oreilles.

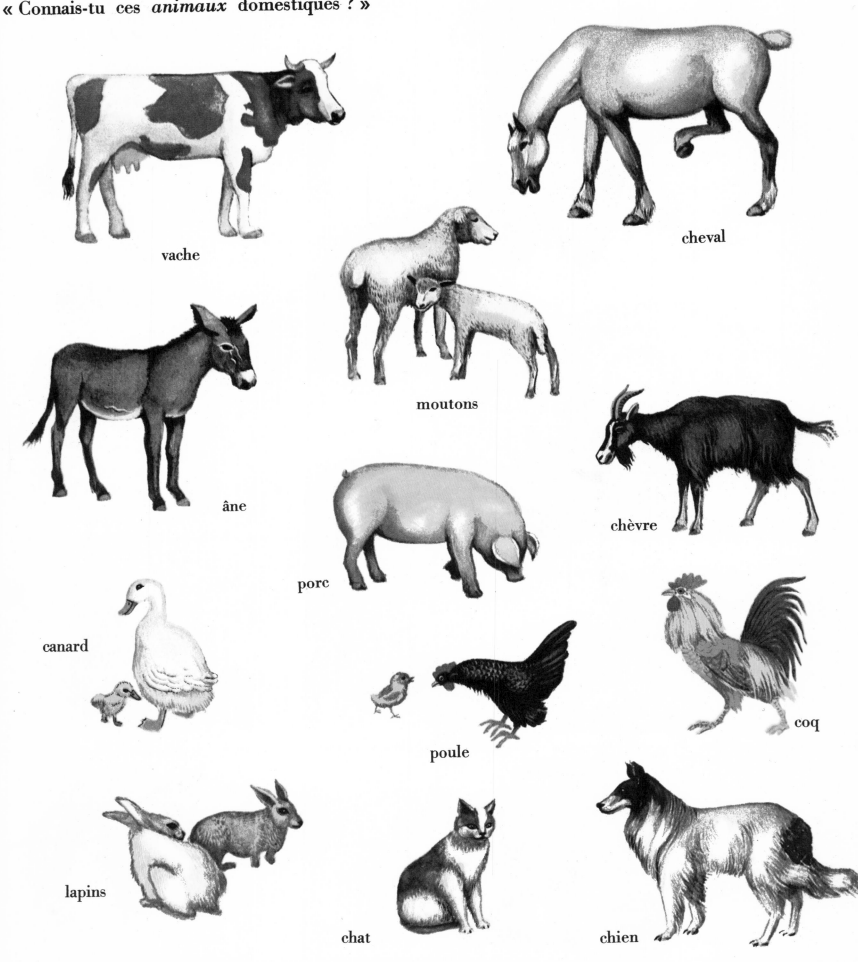

Aa

LES ANIMAUX

animal, animaux

« Connais-tu ces *animaux* domestiques ? »

vache

cheval

moutons

âne

chèvre

porc

canard

coq

poule

lapins

chat

chien

ANIMAUX SAUVAGES

« As-tu déjà vu ces *animaux* ?...

chameau

zèbre

rhinocéros

girafe

éléphant

ours

tigre

ANIMAUX SAUVAGES

...et ceux-ci ? »

tortue

renard

lion

cerf

sanglier

chauve-souris

kangourou

crocodile

iguane

singe

loup

cobra

appareil

Voici différents *appareils*.

moulin à café

appareil de photo

machine à hacher

chauffe-eau

radiateur

aspirateur

appeler

J'appelle Colette au téléphone.
Ma sœur s'*appelle* Catherine.

après

Je fais ma toilette *après* dîner.

apprendre

A l'école,
nous *apprenons*
à lire,
à écrire
et à compter.

aquarium

Les poissons nagent
dans l'*aquarium*.

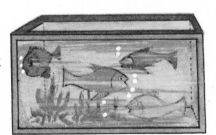

appuyer

J'appuie
sur le bouton électrique.

arbre

Papa plante un *arbre*
dans le jardin.

« Voici différents *arbres* : dis-nous ceux que tu connais. »

chêne

pin sylvestre

sapin

platane

marronnier

érable

argent

Ce bracelet est en *argent*.

J'ai de l'*argent*
  dans mon porte-monnaie.

assiette

Bébé a une belle
  assiette à fleurs.

arrêter

L'auto doit s'*arrêter* au feu rouge.

attacher

« N'aie pas peur :
  le chien est *attaché*. »

arriver

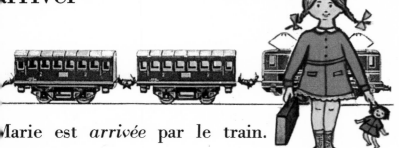

Marie est *arrivée* par le train.

attendre

J'*attends* mon ami Pierre
  pour jouer avec lui.

asseoir

Jacques est *assis*
  sur un tabouret.

attention

Je fais *attention*
  pour traverser
  la rue.

assez

Il n'y a pas
  assez de fruits
  pour tous
  les enfants.

au revoir

Sophie dit
  au revoir
  à son frère.

LES AUTOS

Wolkswagen

2 CV Citroën

Sens interdit

Arrêt obligatoire

Ferrari

Dauphine Renault

Morris

Interdiction de tourner
à gauche

Panhard et Levassor (1895)

Signaux sonores
interdits

« Regarde toutes ces *autos*. Montre celles que tu connais. »

D.S. Citroën

Peugeot

Simca

Panhard

Oldsmobile

Stationnement
interdit

Passage à niveau
avec barrière

Interdiction de tourner
à droite

Intersection
(Priorité à droite)

Intersection
Route prioritaire
et route secondaire

Sens obligatoire

Travaux

Fin de limitation
de vitesse

autour

Marc et Isabelle
courent *autour*
de l'arbre.

avant

La tortue est arrivée
avant le lièvre.
« Raconte ce qui
s'est passé. »

autre

« Tu as fini ta tartine.
En veux-tu une *autre* ? »

avec

Le cuisinier
découpe
la viande
avec un couteau.

autruche

L'*autruche* court très vite,
mais elle ne vole pas.

aveugle

L'*aveugle* a
une canne blanche.

autrefois

Autrefois les autos
allaient moins vite
qu'aujourd'hui.

avoine

L'*avoine* est une céréale.
Les chevaux mangent
de l'*avoine*.

avancer

Nous *avançons*
pour entrer en classe.

avoir

Andrée *a* une poupée.
Elle l'*a* reçue pour sa fête.

LES AVIONS

Voici des *avions* d'autrefois et des « *avions* » modernes.

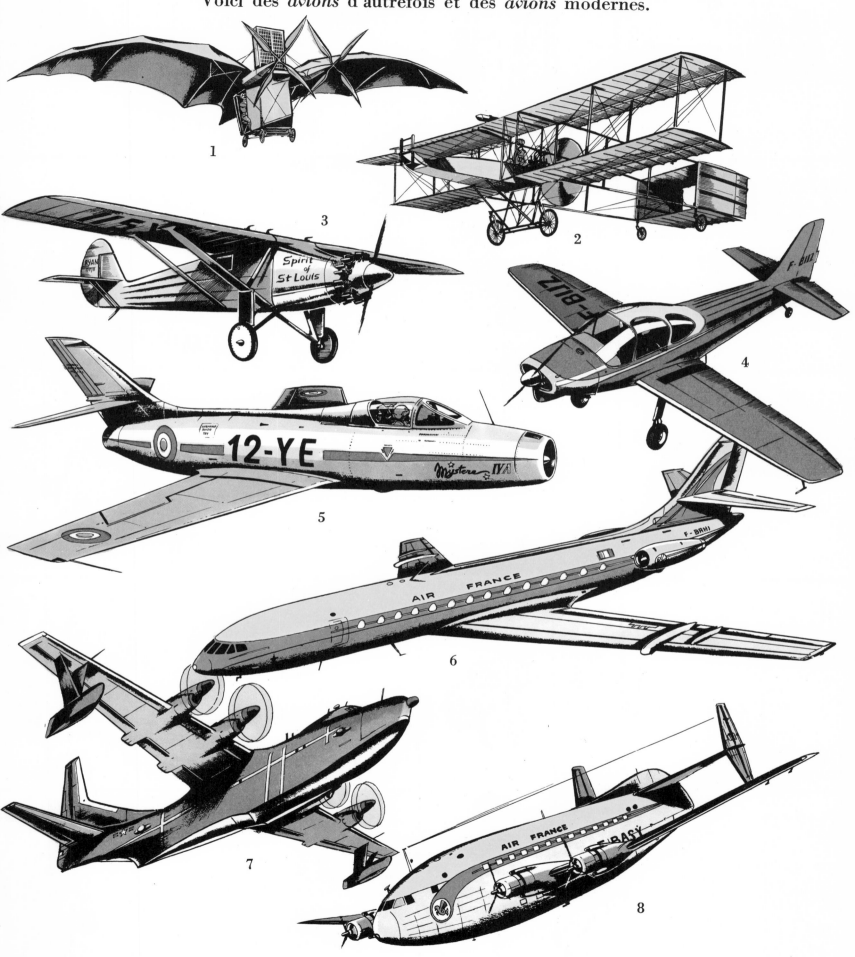

1. Avion de Clément Ader (1897).   2. Biplan Voisin (1908).   3. Le « *Spirit of Saint Louis* » de Lindbergh (1927).
4. Biplace de tourisme « Emeraude ».   5. Mystère IV.   6. Caravelle.   7. Convair « Tradewind ».   8. Bréguet deux ponts.

bain

Je prends un *bain*
pour être
bien propre.

balle

La *balle*
rebondit
sur le sol.

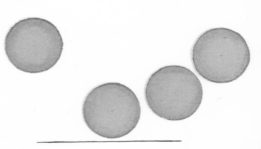

baisser

Frédéric a été grondé :
il *baisse* la tête.

ballon

Le *ballon* monte
dans l'air.

balai

Le *balai* sert à enlever
la poussière
sur le plancher.

bas

Nous portons des *bas* en hiver.
Voici une paire de *bas*.

LES BATEAUX

Bb

Voici toutes sortes de *bateaux*.

1. Bateau de roseaux du Lac Titicaca en Amérique du Sud. 2. Caravelle «La Santa Maria» de Christophe Colomb (XVe s.).
3. Gondole vénitienne.   4. Jonque chinoise.   5. Canot automobile.   6. Chalutier.   7. Barque à rames.
8. « France », paquebot transatlantique.   9. Torpilleur.   10. Remorqueur de haute mer.   11. Porte-avions.
12. « Nautilus », sous-marin atomique.

Bb

beau, belle

Ce livre est *beau*,
sa couverture est *belle*.

beurre

Le *beurre* est fait
avec la crème.

J'aime les tartines
de *beurre*.

beaucoup

Cet arbre porte
beaucoup de fruits.

bicyclette

Robert roule
à *bicyclette*.

bébé

Bébé tient son biberon
dans ses mains.

bien

Le second mot
est *bien* écrit.
Le premier était
mal écrit.

besoin

Nous avons *besoin* de boire
et de manger
pour vivre.

billet

Voici un *billet*
de chemin de fer.

bête

Le renard
est une *bête* sauvage.

blé

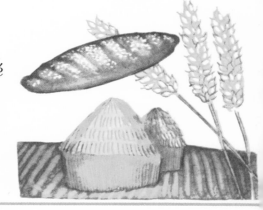

C'est avec le *blé*
qu'on fait
le pain.

blesser

Je me suis *blessée* au doigt.
On m'a mis
un pansement.

bonbon

Stéphane suce un *bonbon*.

boire

Je *bois* lorsque j'ai soif.
Certains hommes *boivent*
du vin, d'autres de la
bière ou du cidre.

bonjour

Je dis *bonjour*
aux personnes
que je connais.

bois

Les arbres nous donnent
du *bois*.

bord

Mon livre est posé
au *bord*
de la table.

boîte

Xavier a une jolie *boîte*
de peinture.

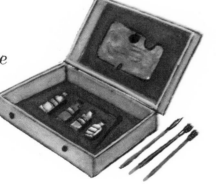

bouche

Je mange, je bois
et je parle
avec ma *bouche*.

bon, bonne

Le gâteau est *bon* :
je le mange avec plaisir.
Henri est gentil :
c'est un *bon* garçon.

boucher

Le *boucher* prépare
la viande
pour ses clients.

boulanger

Le *boulanger* fait
le pain que
nous mangeons.

bras

Le *bras* est une partie
du corps.

Yvonne tient sa poupée
dans ses *bras*.

bout

Jeanne prend
un *bout* de bois.

brosse

La *brosse* sert à nettoyer.

Voici des *brosses*.

bouteille

Les *bouteilles* sont en verre.

Voici des *bouteilles*.

bruit

Rémi fait du *bruit*
avec son
tambour.

bouton

Nous avons des *boutons*
pour attacher
nos vêtements.

brûler

« Ne t'approche pas du feu :
tu te *brûlerais*. »

branche

Les *branches* de l'arbre
sont couvertes
de feuilles.

bureau

J'ai laissé mon livre ouvert
sur le *bureau*.

Beaucoup de gens
travaillent dans
les *bureaux*.

cacahuètes

Nous avons acheté
des *cacahuètes*
à la foire.

campagne

Nous allons
en vacances
à la *campagne*.

cacher

Jacques est *caché*
derrière l'arbre.
Françoise le cherche.

caoutchouc

Ces objets
sont tous
en *caoutchouc*.

camion

Le *camion*
transporte
des
marchandises.

carré

Le *carré* a ses
quatre côtés égaux.

Le damier est divisé
en *carrés*.

Cc

carte

Sur cette *carte* sont indiquées
les principales villes
et fleuves de la France.

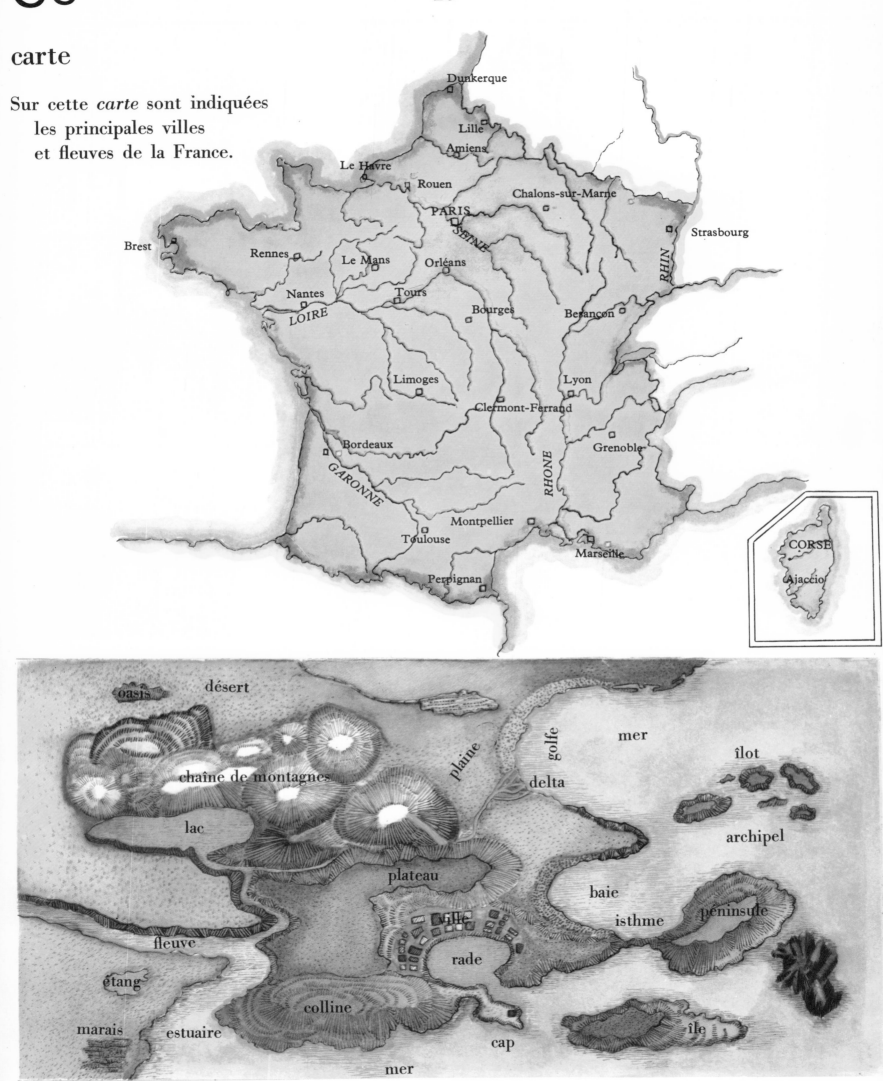

Dunkerque

Lille

Amiens

Le Havre

Rouen

Chalons-sur-Marne

PARIS

SEINE

Strasbourg

RHIN

Brest

Rennes

Le Mans

Orléans

Bourges

Besançon

Nantes

Tours

LOIRE

Limoges

Lyon

Clermont-Ferrand

Bordeaux

Grenoble

GARONNE

RHONE

Montpellier

Toulouse

Marseille

Perpignan

CORSE

Ajaccio

oasis

désert

plaine

golfe

mer

îlot

chaîne de montagnes

delta

lac

archipel

plateau

baie

isthme

péninsule

ville

fleuve

rade

étang

colline

marais

estuaire

cap

île

mer

asser

Le vase s'est *cassé* en tombant.
Maman ne sera pas contente.

chaise

Nous nous asseyons
sur des *chaises*.

asserole

'ai mis chauffer
du lait
dans la *casserole*.

chambre

Je dors dans
ma *chambre*.

ce, cette

Ce poussin est tout petit.

Cette ampoule est ronde.

champ

Je vois dans le *champ*
des meules de blé.

chacun, chacune chaque

Chaque élève a son cartable.

Chacun a le sien.

changer

Pierre a *change*
les fleurs de vase.

chaîne

Voici une *chaîne*
avec son cadenas.

chapeau

Ce monsieur porte
un *chapeau* noir.

Cc

chasse

Le chasseur va à la *chasse*
avec son fusil
et son chien.

chemin

Le *chemin* va
jusqu'à la maison.

chat

Les deux *chats* sont
sur le tapis.

cher, chère

Ma montre est belle, mais
elle a coûté *cher*.

chaud, chaude

L'eau bout quand elle est
très *chaude*.

chercher

Je *cherche* le crayon
que j'ai perdu.

chaussure

Robert met ses *chaussures*.

cheval, chevaux

Le *cheval* est fort
et docile.

Je suis monté sur les
chevaux de bois.

chef

Le *chef* est celui
qui commande.

Le scout obéit
à son *chef*.

cheveu

Madeleine a les *cheveux*
blonds.

chiffre

, 2, 3,
   voilà des *chiffres*.

cinéma

J'ai vu
   un beau film
   au *cinéma*.

chocolat

Nous mangeons
   du *chocolat*
   au goûter.

ciseaux

Je découpe
   les images
   avec mes *ciseaux*.

choisir

« *Choisis* le gâteau
   que tu préfères. »

clair, claire

Thierry a
   un chandail
   de couleur *claire*.

chose

Voici des *choses*.
Les *choses*
   ne sont pas vivantes.

classe

Les élèves sont dans
   la salle de *classe*.

ciel

Le *ciel* est bleu.

clé

Nous avons fermé
   la porte à *clé*.

Cc

cœur

Mon *cœur* bat
dans ma poitrine.

Je sais une poésie
par *cœur*.

comme

Ces chiens ont de
longues oreilles,
l'un *comme* l'autre.

coin

Les enfants jouent
dans un *coin*
de la chambre.

commencer

Bébé *commence*
à marcher.

colère

Jacqueline est toute rouge
de *colère*.

comment

« *Comment* vas-tu ?
Ton rhume est-il
guéri ? »

combien

« *Combien* font
quatre et quatre ?

— Quatre et quatre
font huit. »

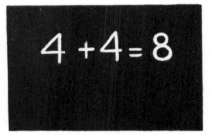

$$4 + 4 = 8$$

comprendre

Je *comprends*
le français,
mais
je ne *comprends* pas
le chinois.

commander

Nos parents
nous *commandent,*
et nous leur obéissons.

compter

« Peux-tu *compter* ces animaux ? »

conduire

aurent *conduit*
son auto.

coq

Le *coq*
a de belles plumes.

onfiture

'aime la *confiture*
de coing.

coquillage

Nous avons trouvé
de jolis
coquillages.

onstruire

enis *construit*
une maison
avec ses cubes.

corbeille

Olivier jette un papier
dans la *corbeille*.

ontent, contente

e suis *contente* :
Maman m'a acheté
un joli parapluie.

cordonnier

Le *cordonnier*
répare
les souliers.

ontre

'échelle est dressée
contre le mur.

corne

La vache et la chèvre
ont des *cornes*
sur la tête.

FORMES EXTÉRIEURES

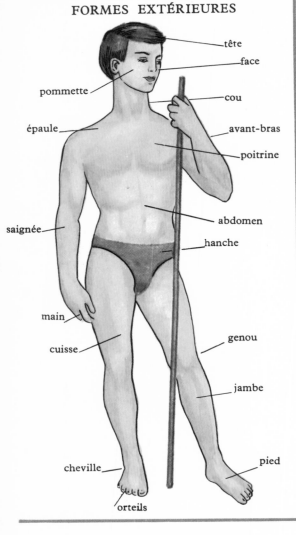

tête
face
pommette
cou
épaule
avant-bras
poitrine
saignée
abdomen
hanche
main
genou
cuisse
jambe
cheville
pied
orteils

SQUELETTE

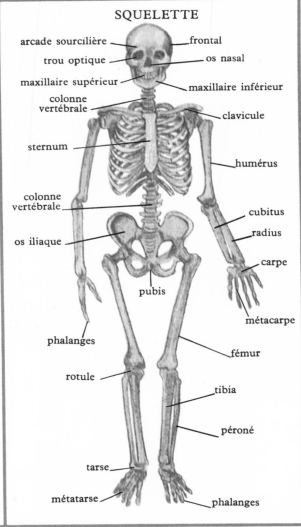

arcade sourcilière
frontal
trou optique
os nasal
maxillaire supérieur
maxillaire inférieur
colonne vertébrale
clavicule
sternum
humérus
colonne vertébrale
cubitus
radius
os iliaque
carpe
pubis
métacarpe
phalanges
fémur
rotule
tibia
péroné
tarse
métatarse
phalanges

FORMES EXTÉRIEURES

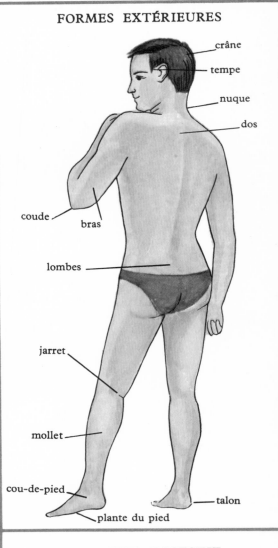

crâne
tempe
nuque
dos
coude
bras
lombes
jarret
mollet
cou-de-pied
talon
plante du pied

APPAREIL RESPIRATOIRE

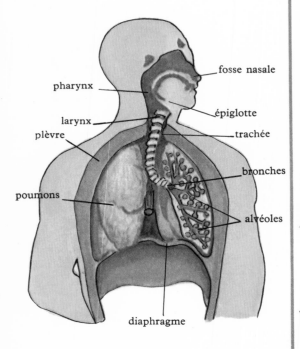

fosse nasale
pharynx
épiglotte
larynx
trachée
plèvre
bronches
poumons
alvéoles
diaphragme

CIRCULATION DU SANG

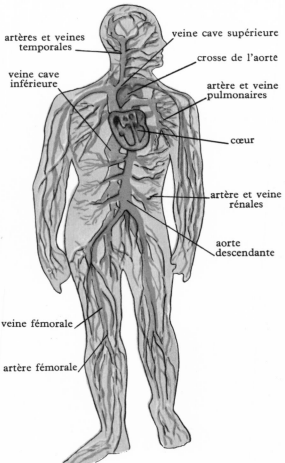

artères et veines temporales
veine cave supérieure
crosse de l'aorte
veine cave inférieure
artère et veine pulmonaires
cœur
artère et veine rénales
aorte descendante
veine fémorale
artère fémorale

APPAREIL DIGESTIF

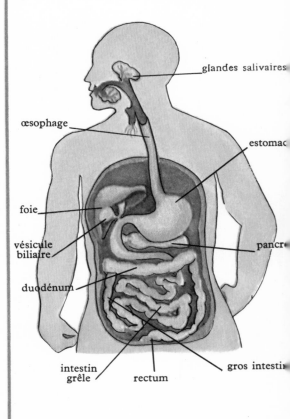

glandes salivaires
œsophage
estomac
foie
vésicule biliaire
pancréas
duodénum
intestin grêle
rectum
gros intestin

corps

« Apprends à connaître
le *corps* humain. »

côte

Le camion est en haut
de la *côte*.

Le bord de la mer
s'appelle la *côte*.

coucher

Laurent est *couché*
sur son lit.

côté

Je traverse la route :
je passe
de l'autre *côté*.

coudre

Maman *coud*
à la machine.

cou

La girafe a
un très long *cou*.

couler

L'eau *coule*
quand nous ouvrons
le robinet.

couleur

Voici des *couleurs* :

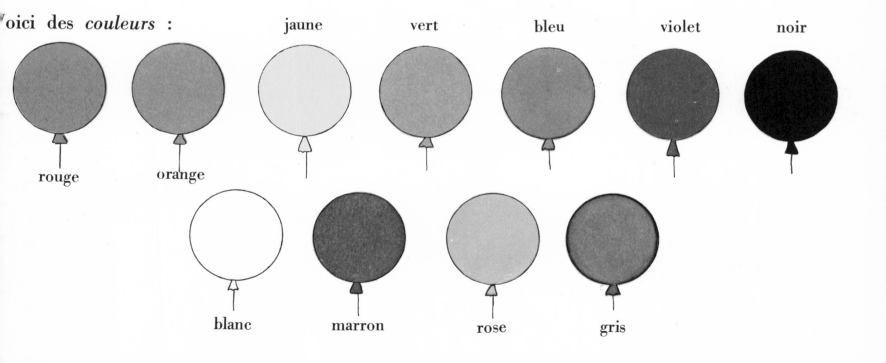

jaune   vert   bleu   violet   noir

rouge   orange

blanc   marron   rose   gris

coup

Henri enfonce la pointe
à *coups* de marteau.

couteau

Les *couteaux* servent
à couper.

Je coupe ma viande
avec un *couteau.*

courber

Cet homme est fort :
il a *courbé*
la grosse barre.

coûter

« Combien *coûte*
le kilo de pêches ? »

cour

Nous jouons au ballon
dans la *cour.*

couvrir

Je *couvre* mon livre
avec du papier.

courir

Le chien *court...*

...après le chat.

crayon

J'ai de beaux
crayons
de couleur.

court, courte

Le ruban vert est
plus *court* que
le ruban violet.

creux, creuse

Le hibou habite
dans un arbre *creux.*

rier

ébé *crie* :
il vient de tomber.

cuiller

Je fais fondre
le sucre avec
ma petite *cuiller*.

roire

« *Crois*-tu qu'il va
pleuvoir ?
- Je n'en sais rien. »

cuir

Le *cuir* est fait
avec la peau
de certains animaux.

J'ai une serviette en *cuir*.

roix

Maman m'a acheté
une belle *croix* d'argent.

cuire

Les œufs *cuisent*
dans la poêle.

ru, crue

'aime les fruits *crus*.
e n'aime pas
la viande *crue*.

cuisine

Maman prépare
le repas dans
la *cuisine*.

ueillir

Nicolas *cueille*
des fruits.
Il les met
dans son panier.

culotte

Benoît a déchiré
sa *culotte*.

dangereux, dangereuse

Il est *dangereux* de jouer
avec des allumettes.
On peut se brûler.

date

Le calendrier
indique
la *date*.

	JANVIER			
DIM		6	13	20	27
LUN		7	14	21	28
MAR	1	8	15	22	29
MER	2	9	16	23	30
JEU	3	10	17	24	31
VEN	4	11	18	25	
SAM	5	12	19	26	

dans

Yves a les mains
dans les poches.

de

Les enfants sortent
de l'école.

ÉCOLE

danse

Les fillettes font
une *danse*.

debout

Pierre est *debout*,
Véronique est assise.

déchirer

Le bouledogue a *déchiré*
la pantoufle
avec ses dents.

demain

C'est aujourd'hui
samedi.

Demain, ce sera
dimanche.

dedans

« C'est une surprise :
devine ce qu'il y a
dedans ! »

demander

Je *demande*
l'heure
à Jacques.
— 6 heures,
me répond-il.

dehors

Je mets le chien *dehors*.

demi, demie

Une *demi*-heure
est la moitié
d'une heure.

déjà

« Es-tu *déjà* sorti
ce matin ?
— Non, pas encore. »

dent

Je mâche avec
mes *dents*.

Je me lave
les *dents*
tous les jours.

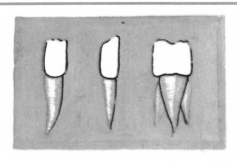

déjeuner

Nous prenons notre
petit déjeuner le matin et
notre *déjeuner*
à midi.

dépenser

J'ai *dépensé*
tout mon argent :
je n'ai plus rien
dans mon porte-monnaie.

Dd

dernier, dernière

André arrive le *dernier* : tous ses camarades sont déjà là.

dessous

Voici le pont : la rivière coule *dessous*.

derrière

Philippe tient ses mains *derrière* son dos.

devant

Agnès marche *devant* Claude.

descendre

Annick *descend* les escaliers.

devenir

Le petit poisson *deviendra* gros

déshabiller

Nous nous *déshabillons* avant de nous coucher.

devoir

Je fais mes *devoirs* à la maison.

dessin

Jeanne a fait un beau *dessin*.

Dieu

Dieu est Notre Père du ciel.

Nous adorons et nous prions *Dieu*.

Dd

difficile

Cette opération
est *difficile*.

$$\begin{array}{r} 38,27 \\ \times\ \ 8,03 \\ \hline 1\ 1481 \\ 306\ 16 \\ \hline 307,3081 \end{array}$$

doigt

Nous avons cinq *doigts*
à chaque main.

dîner

Nous *dînons*
à 7 ou à 8 heures,
le soir.

donner

Maman me *donne*
une pomme.

dire

Je *dis* à Maman
ce que j'ai fait
en classe.

dormir

Jacques *dort*
dans son lit.

direction

La flèche montre
la *direction*
qu'il faut suivre.

ÉCOLE

dos

Le chat fait
le gros *dos*.

docteur

Catherine est malade
Le *docteur* vient
la soigner.

double

$3 \times 2 = 6$

6 est le *double* de 3.

$$\begin{array}{r} 3 \\ \times\ 2 \\ \hline 6 \end{array}$$

Dd

douche

J'aime prendre une *douche*
le matin ou le soir.

droit, droite

Je trace un trait *droit*
avec ma règle.

Voici ma main *droite*.

doux, douce

Le tapis est *doux*
sous les pieds.

drôle

Le clown est *drôle* :
il nous fait rire.

drap

Je me couche dans
de beaux
draps blancs.

dromadaire

Le *dromadaire* est
une espèce de
chameau qui a
une seule bosse.

drapeau

Le *drapeau* flotte
au vent.

dune

Les *dunes* sont
des collines
de sable.

dresser

Le chien *dresse*
ses oreilles :
il a entendu
du bruit.

dur, dure

Les cailloux
sont *durs*.

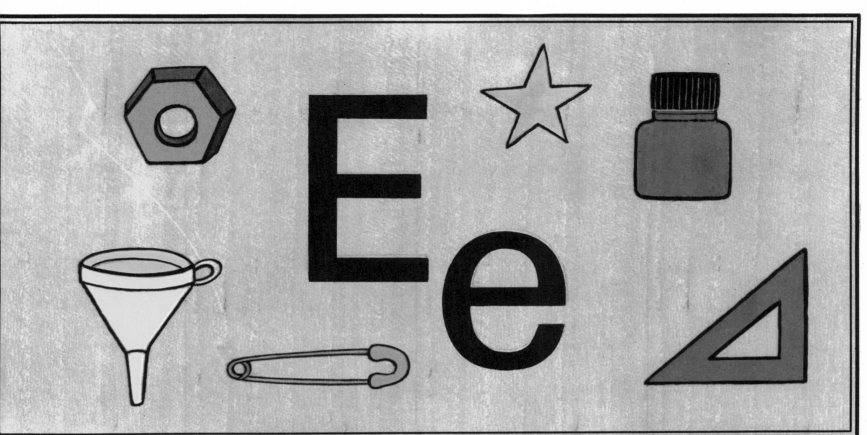

eau

Nous buvons de l'*eau*.

Nous nous lavons
   avec de l'*eau*.

éclairer

Le soleil *éclaire*
   la terre.

échelle

Jacqueline monte
   à l'*échelle*.

école

Filles et gar-
   çons vont
   à l'*école*.

A l'*école* nous
   travaillons.

éclair

L'*éclair* brille
   dans le ciel.

écouter

Nous *écoutons*
   la musique
   à la radio.

écrire

J'*écris* des mots sur
le tableau.

elle

Maman est gentille :
elle nous aime et
travaille pour nous.

effacer

André *efface*
le tableau.

embrasser

J'*embrasse* ma sœur.

électricité

L'*électricité* fait
fonctionner la lampe
et les appareils
électriques.

emporter

Catherine *emporte*
sa serviette sous son bras.

élève

François est un bon *élève* :
il travaille bien en classe.

en

En hiver,
il fait froid.

élever

Le ballon s'*élève*
dans l'air.

en

J'ai fait le voyage
en auto.

en

Ce tabouret est *en* bois.

entendre

« *Entends*-tu
la cloche qui sonne ? »

en

En cueillant des cerises,
j'*en* ai beaucoup mangé.

entre

La maison est
entre les
deux arbres.

encore

« Peux-tu me donner
encore un peu
de pain ? »

entrer

On frappe.
Je réponds :
« *Entrez !* »

enfant

Un petit garçon,
une petite fille
sont des *enfants*.

enveloppe

J'ai mis la lettre
dans l'*enveloppe*.

ensemble

Yves et Bernard
vont *ensemble* à l'école.

envie

Frédéric a *envie* de manger
le gâteau à la crème.

envoyer

J'*envoie* une lettre :
   je la mets à la boîte.

escalier

Micheline est en haut
   de l'*escalier*.

épais, épaisse

Ce livre est *épais* ;
   il est gros.

espérer

J'*espère* que Jacques viendra.
   Je crois qu'il viendra.
   Je l'attends.

épaule

L'oiseau est perché
   sur l'*épaule* d'André.

essayer

J'*essaie* de me tenir
   en équilibre
   sur la corde.

épicier

L'*épicier* vend du sel,
   du sucre, du chocolat,
   des fruits et
   des légumes.

essence

Papa fait remplir
   son réservoir
   d'*essence*.

épingle

« Ne vous piquez pas
   avec ces *épingles*. »

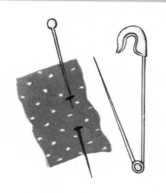

et

Papa *et* Maman
   sont mes parents.

Ee

étage

Notre maison a six *étages*.
Nous habitons au quatrième.

étroit, étroite

Le goulot
de la bouteille
est *étroit*.

été

L'*été* est une saison
de l'année.
Il fait chaud en *été*.

éventail

Il fait très chaud :
je me rafraîchis
avec mon *éventail*.

éteindre

Les pompiers *éteignent*
l'incendie.

évier

Maman fait
la vaisselle
sur l'*évier*.

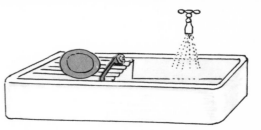

étoile

Quand la nuit
est claire,
on voit beaucoup d'*étoiles*.

excepté

Toutes les bougies
sont allumées,
excepté la dernière.

être

Je *suis* contente d'avoir
une poupée.
Je *suis* allée me promener
à vélo.

exposition

Nous visitons
une *exposition*
de peinture.

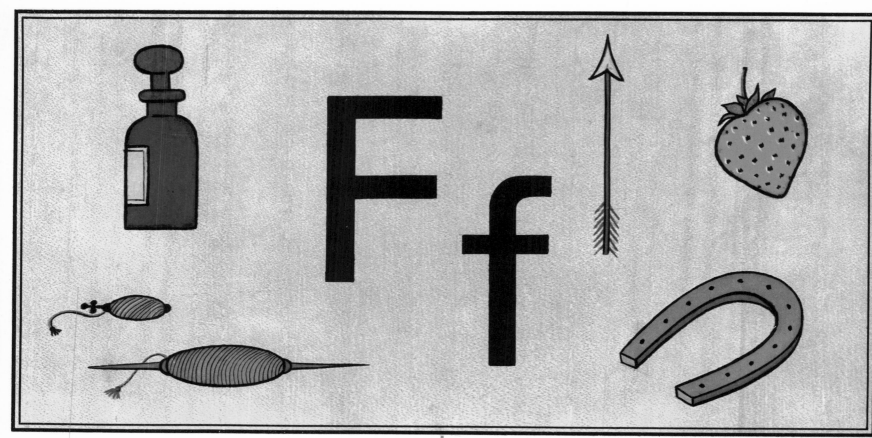

facile

C'est *facile*
   de descendre.
   C'est difficile
   de remonter.

faire

Jeanne a *fait* tomber
   son verre :
   il est cassé.

facteur

Le *facteur* nous apporte
   les lettres.

falloir

Il *faut* travailler.
   Il est nécessaire
   de travailler.

faim

J'ai *faim*
   quand
   je me mets à table.

famille

Le père, la mère
   et les enfants
   forment une *famille*.

FAIRE

« Que *font* ces filles...   ...et ces garçons ? »

Nicole chante

elle repasse

il peint

ils s'amusent à saute-mouton

Jean promène son chien

elle lit

il joue avec sa patinette

il conduit

il attache son soulier

Ff

farine

Le pain et les gâteaux
sont faits avec
de la *farine*.

fenêtre

Les enfants regardent
par la *fenêtre* ouverte.

faute

J'ai fait une *faute* :
j'ai mal écrit le
premier mot.

fer

Le *fer* est un métal solide.

Le forgeron travaille
le *fer*.

ferme

Voici la *ferme*.

fermer

Mireille *ferme* la porte.

figure

Madeleine a
une *figure* souriante.

fête

Nous offrons un bouquet
à maman :
c'est sa *fête*.

fil

Je couds avec du *fil*.

feu

Olivier est assis
près du *feu*.

filet

J'ai mis les provisions
dans le *filet*.

Le pêcheur a pris
des poissons
avec son *filet*.

feuille

Voici des *feuilles*
d'arbres.

J'écris sur une *feuille*
de papier.

fille

Je suis une *fille*,
la *fille* de Papa
et Maman.

ficelle

J'attache le paquet
avec une *ficelle*.

fils

André est le *fils*
de Monsieur et
Madame Legrand.

LES FLEURS

Quelles belles *fleurs* !

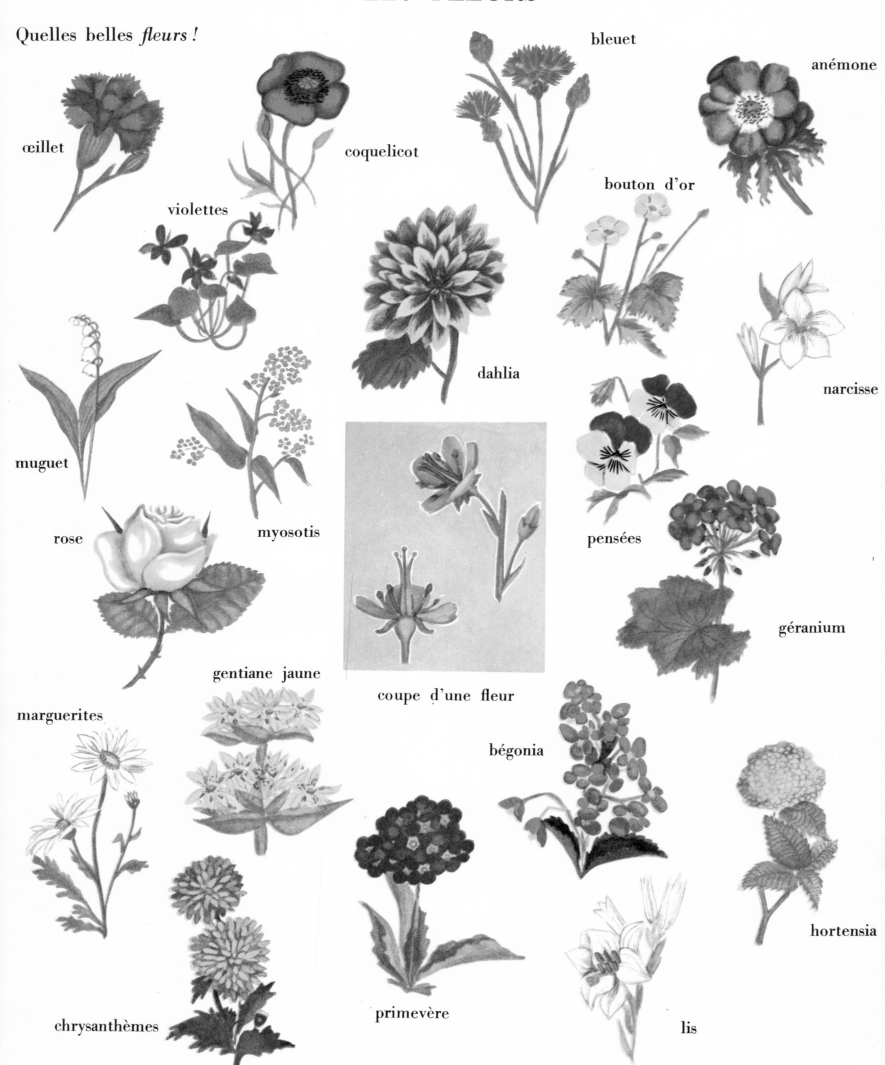

bleuet

anémone

œillet

coquelicot

bouton d'or

violettes

dahlia

narcisse

muguet

pensées

rose

myosotis

géranium

gentiane jaune

coupe d'une fleur

marguerites

bégonia

hortensia

chrysanthèmes

primevère

lis

in

...e voudrais connaître
la *fin* de
cette histoire.

...eur

...es *fleurs* sont belles
et souvent
elles sentent bon.

...oin

...e *foin* est de
l'herbe séchée.
...a vache mange
du *foin*.

...ois

...ois *fois* deux six
(3 × 2 = 6)
...était une *fois*...

...nd

...pierre tombe
au *fond* de l'eau,
...car elle est lourde.

fondre

La neige *fond*
au soleil.

forêt

Il y a beaucoup
d'arbres
dans la *forêt*.

forme

Ces deux boîtes
n'ont pas
la même *forme*.

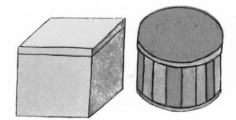

fort, forte

Henri est *fort* :
il soulève des haltères.

fourchette

Je mange avec ma *fourchette*.

Ff

frais, fraîche

La citronnade est bien *fraîche*.

Le beurre *frais*
   est appétissant.

froid, froide

Il fait *froid* :
   nous sommes
   en hiver.

franc

Voici une pièce de 1 *franc*
   et une autre de 5 *francs*.

fromage

Nous mangeons
   du *fromage*
   à la fin du repas.

franc, franche

Jacques est *franc* :
   il dit toujours
   la vérité.

front

Christophe a un pansement
   sur le *front*.

frapper

Hélène *frappe*
   à la porte.

frotter

Papa *frotte*
   l'allumette
   sur la boîte.

frère

Bernard est mon *frère* :
   nous avons les mêmes
   parents.

fruit

J'aime beaucoup les *fruits*.

LES FRUITS

ici de beaux *fruits*.

orange

figues

cerises

prunes

raisin

groseilles

melon

abricot

citron

bananes

pêche

coing

framboises

amandes

ananas

noix

raises

noisettes

mandarine

châtaignes

gagner

Philippe a *gagné*
   la course :
   il est arrivé
   le premier.

garder

« Je te prête ma
   poupée : tu peux
   la *garder* jusqu'à
   demain. »

gai, gaie

Mireille est *gaie* :
   elle chante et elle rit.

gare

Nous prenons le
   train à la *gare*.

garçon

Jean-Luc est un *garçon*.

gâteau

Ce *gâteau* est appétissant.

gauche

Voici ma main *gauche*.

goutte

Il pleut :
   des *gouttes* d'eau
   tombent sans arrêt.

gaz

Nous avons une
   cuisinière à *gaz*.

graine

On met dans la terre
   les *graines*
   que l'on veut
   faire pousser.

genou

Je suis tombé :
   mon *genou* saigne.

grand, grande

Mon frère aîné est
   bien plus *grand*
   que moi.

gentil, gentille

Catherine est *gentille* :
   elle est douce
   et obéissante.

grand-mère

Le petit
   Chaperon-Rouge
   s'en allait chez
   sa *grand-mère*.

glace

J'aime beaucoup les *glaces*.

Je me coiffe devant la *glace*.

grand-père

Grand-père a
   une moustache
   et des cheveux blancs.

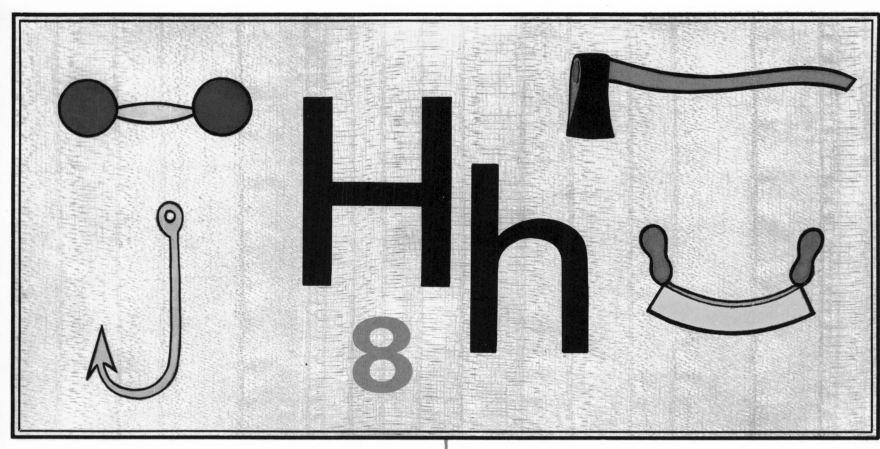

habiller

Le matin je me lave
et je m'*habille*.

habit

Cet homme est un religieux :
il a un *habit* particulier.

Voici des *habits*.

petite culotte

maillot

culotte

chandail

chemisette

pyjama   combinaison

cotte

gants

manteaux

robe

veste

chaussures   robe de chambre

chapeau   casquette

chaussette

écharpe

haut, haute

es montagnes
sont *hautes*.

hier

Hier, c'était le 5 ;
aujourd'hui,
c'est le 6.

herbe

e mouton broute
l'*herbe* du pré.

histoire

Nous aimons écouter
les belles *histoires*.

Nous apprenons
l'*Histoire* de France
à l'école.

eure

'horloge indique l'*heure*.

Quelle *heure* est-il ? »

homme

Papa est un *homme*.
Plus tard,
je serai un *homme*,
moi aussi.

eureux, heureuse

runo est *heureux* :
il est content
de ses jouets.

huile

On met de l'*huile*
dans la salade.

ibou

e *hibou*
est un oiseau de nuit.

huit

Il y a *huit* bougies
d'allumées.

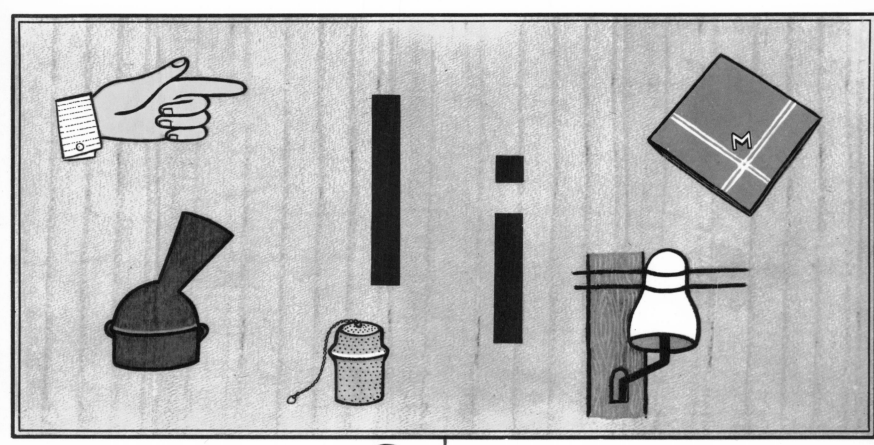

ici

« Viens *ici !* »
  dit Marc à son chien.
  Et le chien arrive
  en courant.

image

Il y a
  de belles
  images
  dans
  mon livre.

il

Jean-Luc est gentil :
  il aide Maman
  à essuyer
  la vaisselle.

indien, indienne

Il y a des *Indiens*
  en Amérique.

île

Une *île* est une terre
  entourée d'eau
  de tous les côtés.

infirmière

L'*infirmière* soigne
  les malades.

LES INSECTES

Les *insectes* sont des animaux très petits. Il y a de nombreuses espèces d'*insectes*.

sauterelle

grillon

coccinelle

fourmis

cigale

moustique

lucane

mante religieuse

guêpe

abeilles

libellule

mouche

papillon

jamais

2 et 2 font 4.
2 et 2 ne font
jamais 5.

jaune

Le *jaune* d'œuf
est resté
dans la coquille.

jambe

Je me tiens debout
sur mes *jambes*.

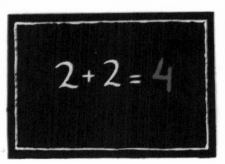

je

Je parle à Maman.

jardin

Rémi arrose
les fleurs
dans le *jardin*.

jeter

Yves *jette*
une pierre
dans l'eau.

LES JEUX

« As-tu déjà joué à tous ces *jeux* ? »

marelle

saut à la corde

billes

balançoire

colin-maillard

badminton

saute-mouton

croquet

jeune

Je suis *jeune* ;
   mon petit frère est
encore plus *jeune*.

journal, journaux

Papa lit le *journal*
   tous les jours.

joli, jolie

Cette dame a un *joli*
chapeau vert.

jumeau

Ces garçons sont *jumeaux* :
   ils ont exactement
   le même âge.

jouer

Nous *jouons* à un jeu
   de constructions.

jus

Nous pressons l'orange
   pour avoir le *jus*.

jouet

Voici les *jouets*
   de Sylvain.

jusque

Papa travaille au bureau
   *jusqu'*à 6 heures
   du soir.

jour

Le soleil est levé :
   il fait *jour*.

Il y a sept *jours*
   dans la semaine.

juste

$7 + 7 = 14$.
   Oui, c'est *juste*.

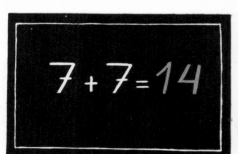

LES JOUETS

« Aimerais-tu avoir ces *jouets* ?

Bambi
sur roulettes

poupée

quilles

ours en peluche

cubes

badminton

patins à roulettes

ballon

tambour

seau

tente

arc

voilier

cerf-volant

patinette

tricycle

voiture à pédales

kangourou

Le *kangourou* est un animal curieux.

« Vois-tu comment la maman *kangourou* porte son petit ? »

kilo

J'achète un *kilo* d'oranges.

kayac

Le bateau des esquimaux s'appelle un *kayac*.

kilomètre

Il y a 5 *kilomètres* d'ici à Paris.

képi

Les agents de police ont un *képi* sur la tête.

kiosque

J'achète un journal au *kiosque*.

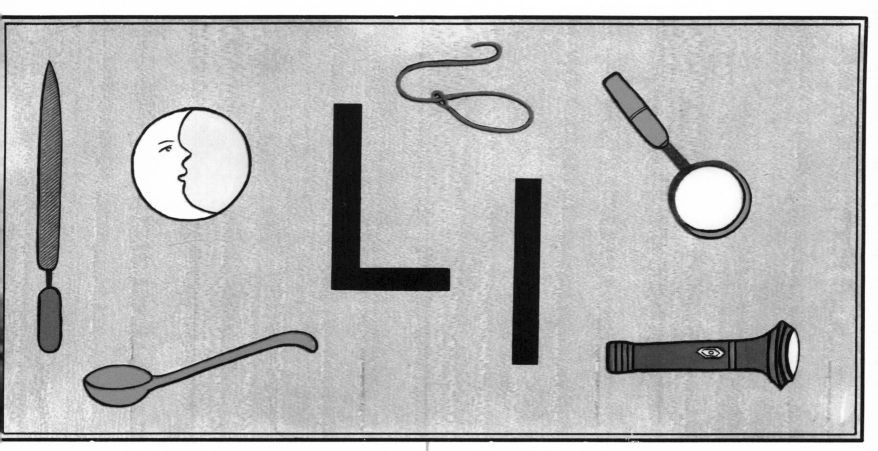

à

« Assieds-toi *là*,
  veux-tu ? »

laine

Le corps du mouton
  est couvert de *laine*.

Maman tricote
  de la *laine*.

lac

Des bateaux
  voguent
  sur le *lac*.

laisser

Nous mangeons les cerises
  et nous *laissons*
  les noyaux.

laid, laide

Yves est *laid* quand
  il fait des grimaces.

lait

La vache nous donne
  du *lait*.

Ll

lame

Ce couteau
a une bonne *lame* :
il coupe bien.

laver

Je me *lave* les mains
avant et après
chaque repas.

lampe

Jeannot lit un livre
sous la *lampe*.

le, l', la, les

Le chat joue avec *la* ficelle.

Les feuilles tombent
de *l'*arbre.

lancer

André *lance* la balle
à Philippe.

léger, légère

La plume est *légère*.

langue

La *langue* nous sert
à goûter les aliments
et à parler.

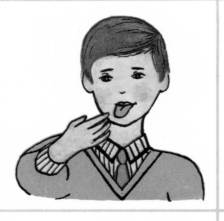

légume

Nous mangeons
des *légumes*.

large

La route est *large*.

lent, lente

La tortue est *lente* :
elle ne marche
pas vite.

LES LÉGUMES

cornichons

ail

radis

céleri en branche

chou-navet

potiron

céleri-rave

endives

asperges

carottes

salade

gnon

pomme de terre

chou-fleur

petits pois

poivron

haricots verts

avet

tomate

aubergine

lettre

Je suis content quand
le facteur m'apporte
une *lettre*.

litre

Cette bouteille
contient
un *litre* de lait.

lever

L'agent *lève* son bâton.

Je me *lève* à 7 heures
le matin.

livre

Mon *livre*
a de belles images.

lèvre

Nos *lèvres* sont roses.

loin

L'école est *loin* de la maison.

lire

Nous *lisons*
de beaux albums.

long, longue

Jeanne a de
beaux cheveux *longs*.

lit

Je vais me coucher
dans mon *lit*.

lourd, lourde

Le sac est *lourd* :
je ne peux pas
le porter.

machine

...e tracteur est
...une *machine* agricole.

main

Voici ma *main*.
Elle a cinq doigts.

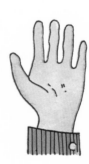

magasin

...e *magasin* est
...une épicerie.

maintenant

On ne s'habille
plus *maintenant*
comme autrefois.

maigre

...e garçon est *maigre*.
L'autre est gros.

mais

Papa s'en va, *mais*
Maman reste
à la maison.

maison

hutte gauloise
(IIᵉ siècle)

igloo du Groenland

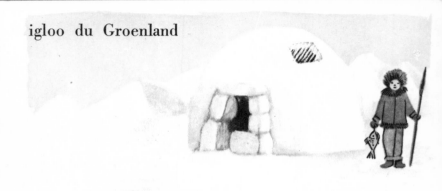

maisons grecques

maison chinoise

hutte d'Afrique

immeuble moderne en France

maître, maîtresse

Le *maître* nous apprend
à lire, à écrire
et à compter.

malade

Jeanne
est *malade* :
elle est au lit
avec
les oreillons.

mal

Christian a *mal* aux dents :
sa joue est enflée.

maman

Maman tient Bébé
dans ses bras.

manger

Frédéric *mange*
une orange.

se marier

Ce jeune homme
et cette jeune fille
se marient
aujourd'hui.

manquer

Il *manque* un élève :
sa place est vide.

matin

Le *matin* je me lève
et je me prépare
pour aller à l'école.

marchand

Ce *marchand* vend
des fruits et
des primeurs.

**mauvais,
mauvaise**

Cette pomme est *mauvaise*.

Roland est un *mauvais*
camarade.

marché

Maman va au *marché*
presque chaque
matin.

mécanicien

Le *mécanicien* répare
les machines.

marcher

Catherine *marche*
dans la rue.

**méchant,
méchante**

Ce chien a l'air
très *méchant*.

meilleur, meilleure

La brioche est *meilleure*
que le pain.

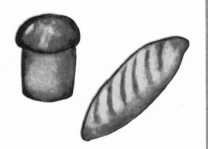

merci

« Veux-tu encore
du chocolat ?
— Non *merci* ! »

même

Les deux sœurs portent
la *même* robe.

mère

La *mère* aime
ses enfants.

mensonge

Jacques a dit un *mensonge* :
il rougit, car il est ennuyé.

mesurer

La vendeuse *mesure* le tissu
pour sa cliente.

menuisier

Le *menuisier* travaille le bois.

métal, métaux

Le fer est un *métal*.

La locomotive
est en *métal*.

mer

Les grands bateaux naviguent sur la *mer*.

métier

Cet homme est maçon :
c'est son *métier*.

« Quels sont ces *métiers* ? »

pêcheur   docteur   mécanicien   infirmière   mineur   jardinier   ramoneur

mètre

Le *mètre* sert
     à mesurer
     la longueur.

1 *mètre* vaut 100 centimètres.

mettre

Ce monsieur *met*
  son chapeau.

meuble

Voici de beaux *meubles*.

MER

u fond de la *mer* !

midi

Midi est le milieu
du jour.

Il est *midi* à l'horloge.

minute

Il y a 60 secondes
dans une *minute*.

Il y a 60 *minutes*
dans une heure.

mieux

Mon nom était
mal écrit.

Maintenant, il est
mieux écrit.

moderne

Les avions, les fusées,
sont des
inventions
modernes.

milieu

Le vase est au *milieu*
de la table.

moins

Si je prends cette pomme,
il y en a une de *moins*.

mince

Ma tartine est *mince*,
la tienne est plus
épaisse.

mois

Il y a douze *mois* dans l'année :

janvier, février, mars,
avril, mai, juin, juillet, août, septembre,
octobre, novembre, décembre.

minuit

Minuit est le milieu
de la nuit.

A *minuit* commence
une nouvelle journée.

moisson

On fait la *moisson*
en été.

moitié

« Veux-tu la *moitié*
de cette pomme ? »

montagne

Les *montagnes*
sont souvent
couvertes
de neige.

moment

« Attends-moi, je reviens
dans un *moment*. »

monter

Le ballon *monte*
dans l'air.

mon, ma

C'est *mon* chien.
Il est à moi.

montre

Voici la *montre* de Françoise.
C'est une
montre-bracelet.

monde

Les cinq parties du *monde*
sont :
l'Europe, l'Afrique,
l'Asie, l'Amérique
et l'Océanie.

montrer

« *Montre*-moi la
maison que tu
habites ! »

monnaie

Voici des pièces
de *monnaie*.

morceau

Mon oncle a scié
des *morceaux*
de bois.

mordre

Le chien peut *mordre*
avec ses dents.

mouiller

Le linge est *mouillé*.
Maman l'étend
pour qu'il sèche.

mort, morte

Les feuilles *mortes*
tombent en automne.

multiplication

J'apprends la table
de *multiplication*.

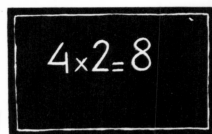

$4 \times 2 = 8$

mot

Les *mots* sont faits
avec les lettres.

A I M E R

mur

Le *mur* du jardin
est construit
en pierre.

mouche

La *mouche* est
un insecte désagréable.

mûr, mûre

Les cerises *mûres*
sont toutes rouges.

mouchoir

Il se mouche
avec un *mouchoir*.

musique

Mireille joue du violon :
elle fait de la *musique*.

N n

nager

Jean-Luc sait
bien *nager*.

neuf, neuve

Hélène a
des chaussures *neuves*.

né, née

Je suis *née*
il y a sept ans.

Mon frère est *né*
il y a six mois.

nez

Nous sentons
et nous respirons
avec notre *nez*.

neige

François et Michèle
ont fait un
bonhomme
de *neige*.

nom

« Quel est le *nom*
de cet oiseau ?
— C'est un
rouge-gorge. »

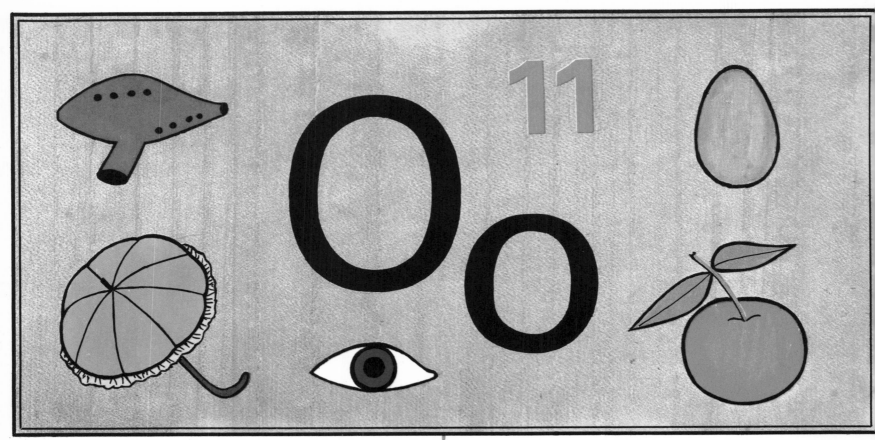

œil, yeux

Éric a les *yeux* bleus.

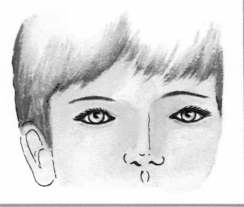

on

On a frappé.
  « Qui est-ce ? »

œuf

La poule pond
  des *œufs*.

ongle

Chacun de
  nos doigts
  se termine
  par un *ongle*.

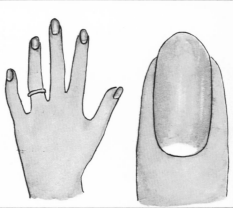

oiseau

L'*oiseau* prend
  son vol.

or

L'*or* est un métal.

Cette bague est en *or*.

LES OISEAUX

Voici des *oiseaux*. « Apprends à les connaître tous. »

pigeon

canard sauvage

cygne

martin-pêcheur

hirondelle

merle

cardinal

chouette

cigogne

corbeau

écasse

moineau

pivert

perruche

ara

aigle royal

toucan

ordre

Mes affaires sont en *ordre* :
elles sont bien rangées.

Le chef donne
un *ordre* au soldat.

os

Les *os* de notre corps
forment le squelette.

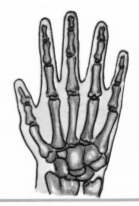

oreille

Nous entendons
avec nos *oreilles*.

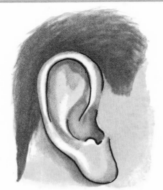

ou

« Veux-tu
une poire *ou*
une pomme ? »

outil

Voici les *outils*

du jardinier...

ceux du mécanicien...

et ceux du menuisier

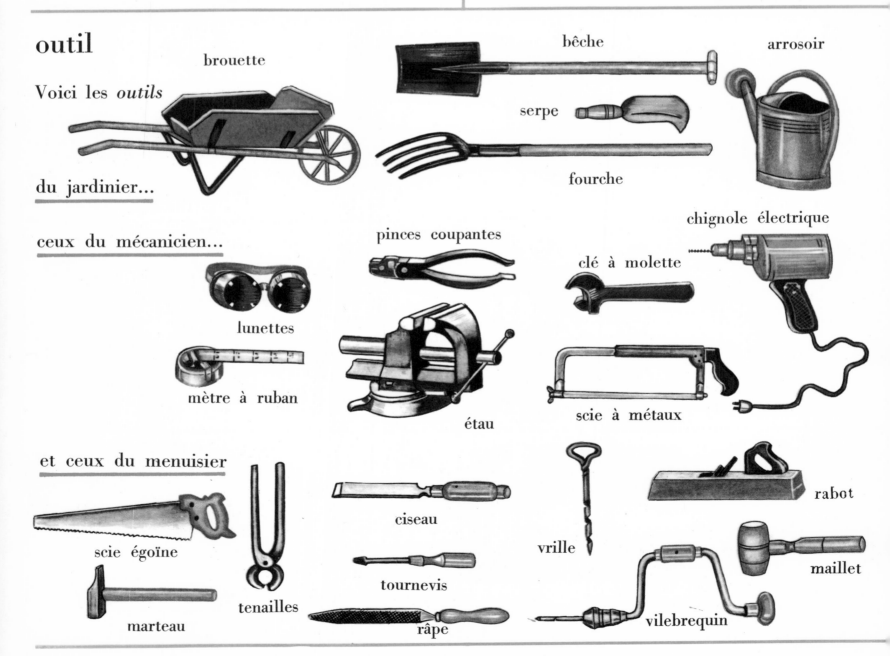

brouette

bêche

arrosoir

serpe

fourche

chignole électrique

pinces coupantes

clé à molette

lunettes

mètre à ruban

étau

scie à métaux

scie égoïne

ciseau

vrille

rabot

marteau

tenailles

tournevis

râpe

vilebrequin

maillet

pain

Le *pain* est fait avec
la farine du blé.

Voici du *pain*.

par

Claire et Marc
se tiennent
par la main.

papa

Papa repeint
la cuisine.

parce que

Il met son manteau,
parce qu'il a froid.

papier

Les pages du livre
sont en *papier*.

parler

« Maman nous *parle*
Écoutons-la. »

partie

Pierre et Jean
  font une *partie*
  de dominos.

pauvre

Cet homme
  est *pauvre* :
  il n'a pas
  assez d'argent.

partir

Le train *part*.
  Il quitte la gare.

payer

Hélène *paie*
  ce qu'elle doit
  à l'épicier.

pas

Quand je marche,
  je fais des *pas*.

pays

La France est
  notre *pays*.

pas

Il y a des fleurs
  dans le vase rouge.
  Il n'y en a *pas*
  dans le vase bleu.

paysan

Le *paysan*
  travaille
  dans les champs.

passer

Nous *passons* par Lyon
  pour aller de Paris
  à Marseille.

peau

La *peau* recouvre le corps.

Les hommes n'ont pas
  tous la même
  couleur de *peau*.

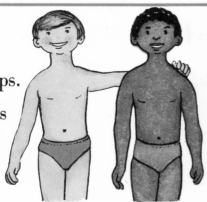

Pp

pêcher

Mon oncle Henri *pêche*
à la ligne.

pendant

Je dors
pendant la nuit.

peigne

Nous nous coiffons
avec un *peigne*.

penser

« *Pense* à ce
qu'on te dit.
Ne l'oublie pas. »

peindre

Je *peins* avec
mon pinceau.

perdre

J'ai *perdu*
un de mes gants.

peine

André a de la *peine* :
il est triste.

père

Mon *père*
m'apporte
un cadeau.

pelle

Bébé joue dans le sable
avec sa *pelle*.

personne

Les grandes *personnes*
parlent ensemble.

petit, petite

La souris est bien
petite à côté
de l'éléphant.

pièce

Voici des *pièces*
de monnaie.

Notre appartement
a cinq *pièces*.

peu

Il y a *peu* de citronnade
dans ce verre.

Il y en a beaucoup
dans l'autre.

pied

Nous portons
des chaussures
à nos *pieds*.

peur

Quelle *peur* j'ai eue
en voyant
le fantôme !
(ce n'était
qu'une farce...)

pierre

Je m'assieds sur
une grosse *pierre*.

peut-être

Je ne sais pas
s'il va pleuvoir :
il pleuvra *peut-être*.

piquer

Jeanne s'est *piquée*
avec son aiguille.

photo

Papa prend
une *photo*.

place

Il y a une *place* vide
dans le compartiment.

Pp

plage

Les enfants jouent
sur la *plage*.

plat, plate

Ce terrain
est *plat*.

plaire

Cette robe me *plaît* :
je la trouve jolie.

Je dis « s'il vous *plaît* »
quand je demande
quelque chose.

plat

Le *plat* est posé
sur la table.

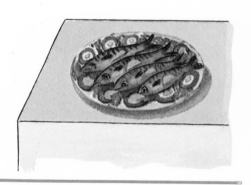

plaisir

Cela nous fait *plaisir*
de revoir nos amis.

plein, pleine

La bouteille est *pleine*.

plancher

Le *plancher* est fait
avec des planches
de bois.

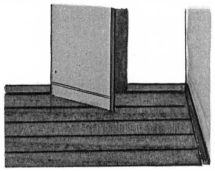

pleurer

Édith s'est fait mal :
elle *pleure*.

plante

Oh ! la belle *plante*.

plier

Je *plie* ma feuille en deux.

PLANISPHÈRE

Les habitants de chaque contrée sont différents. Les grandes personnes sont représentées sur les continents, les enfants sur le pourtour.

États-Unis

Mexique

Argentine

Pérou

AMÉRIQUE DU NORD

AMÉRIQUE DU SUD

Pp

Les cinq parties du monde
sont représentées sur
ce *planisphère*.

Laponie

EUROPE

France

Russie

ASIE

Chine

OCÉANIE

Afrique

AFRIQUE

Égypte

Inde

pluie

La *pluie* tombe :
nous avons pris
nos parapluies.

poil

Le chien a
de longs *poils*.

plume

Les oiseaux
ont des *plumes*.

J'écris avec une *plume*.

point

Je mets bien les *points*
sur les i.

J'écris un *point*,
deux *points*.

plus

Il y a *plus* de
billes rouges
que de billes bleues.

pointu, pointue

J'ai taillé mon crayon :
il est *pointu*.

poche

Yves a les mains
dans les *poches*.

poisson

Les *poissons* vivent
dans l'eau.

poêle

Le *poêle* chauffe la pièce.

poitrine

La *poitrine* est
une partie du corps.

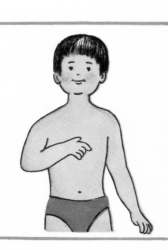

LES POISSONS

Voici des *poissons*.

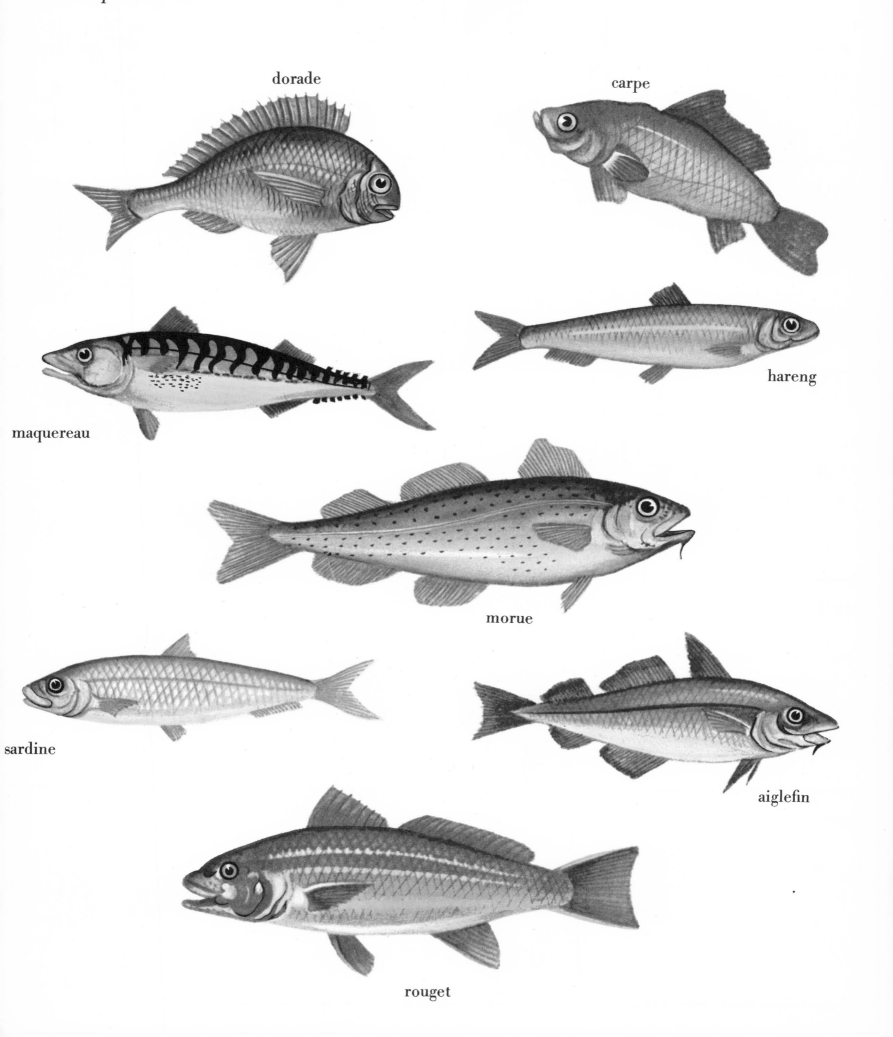

dorade

carpe

hareng

maquereau

morue

sardine

aiglefin

rouget

Pp

poli, polie

Jacques est *poli*.
Il dit bonjour gentiment.

portefeuille

Papa a un *portefeuille*
de cuir.

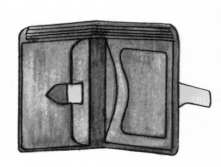

pomme de terre

La *pomme de terre*
est un légume;
nous mangeons souvent
des *pommes de terre*.

porter

Frédéric *porte* une valise.

Il se *porte* bien.
Il est en bonne santé.

pont

Il y a un *pont*
sur la rivière.

possible

« Ira-t-on dans la lune ?
— C'est *possible*. »

port

Voici un *port*.

Il y a
des bateaux
dans le *port*.

poste

J'ai déposé
une lettre
à la *poste*.

porte

La *porte*
est ouverte.

pot

Voici deux *pots* :
ils sont en terre.

poule

La *poule* conduit
ses poussins.

pouvoir

Je ne *peux* pas toucher
cette branche.

poupée

Mireille a une jolie *poupée*.

préférer

« Quelle image
préfères-tu ?
— Je *préfère* celle-ci. »

pourquoi

« *Pourquoi* pleures-tu ?
— Parce que
je suis tombé. »

premier, première

Clotilde est la *première*
sur les rangs.

pousser

Le jardinier *pousse*
sa brouette.
Les légumes *poussent*
dans le jardin.

prendre

Je *prends* un crayon
dans ma boîte.

poussière

Annette enlève
la *poussière*
avec son plumeau.

près

Le chat est couché
près du poêle.

presque

Mon verre est *presque* vide.

promener

Les enfants
se *promènent*
avec leur chien.

prêter

« *Prête*-moi ton livre,
s'il te plaît. »

propre

Je me suis lavé
les mains :
elles sont *propres*.

prix

« Quel est le *prix*
d'un kilo
d'endives ? »

provisions

Le panier est plein
de *provisions*.

profond, profonde

L'eau est *profonde*.
On pourrait s'y noyer.

puis

Jacques prend sa veste,
puis il prendra
son manteau.

progrès

On ne s'éclaire plus
à la bougie,
mais à l'électricité :
c'est un *progrès*.

puits

Pierre tire de l'eau
du *puits*.

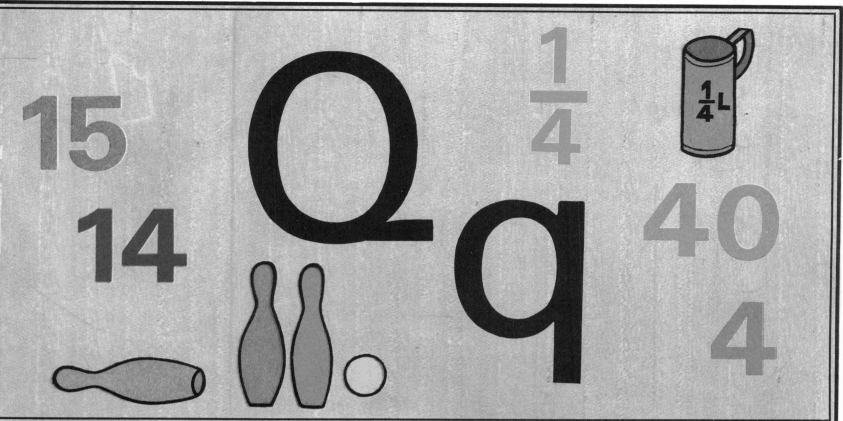

quand

« *Quand* se met-on à table
pour déjeuner ?

— On se met à table
quand il est midi. »

que

« *Que* fais-tu ?

— Je regarde l'album
que tu m'as prêté. »

quart

Voici le *quart* du gâteau.
Il y a quatre parts
en tout.

quel, quelle

« *Quel* beau dessin !

Quelle note
as-tu méritée ? »

quatre

Deux et deux
font *quatre*.

2 + 2 = 4

quelque

Il reste *quelques* noix :
nous avons mangé
les autres.

Qq

quelquefois

Je me trompe *quelquefois*
dans mes opérations.

queue

L'écureuil a
une longue *queue*.

quelqu'un

Je vois *quelqu'un*
qui vient vers moi.

qui

« *Qui* t'a donné ta poupée ?

— C'est ma tante
qui me l'a donnée. »

quenelle

Ces *quenelles*
sont appétissantes.

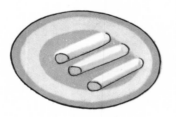

quille

Voici des *quilles*.

« As-tu déjà joué
aux *quilles* ? »

question

Quand je veux savoir quelque chose,
je pose une *question*.

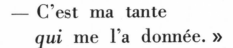

quinze

Quinze, c'est
dix plus cinq.

quête

Je donne de l'argent
à la *quête*.

quitter

Jacques *quitte* ses bottes.

Rr

racine

L'arbre a
de longues *racines*.

raconter

Grand-père me *raconte*
une histoire.

radio

Nous écoutons souvent
la musique
à la *radio*.

raison

« Tu me disais qu'il
pleuvait, je te disais
que non. C'est toi
qui avais *raison*. »

raisin

Je vais cueillir
la belle grappe
de *raisin*.

ranger

Paul *range* ses jouets
quand il ne s'en
sert plus.

Rr

rapide

Cet avion est
très *rapide*.

réfléchir

Jeannot *réfléchit*
en écrivant.

rappeler

« Te *rappelles*-tu l'air
de Cadet Rousselle ?
— Oui, bien sûr ! »

regarder

« *Regarde* le
bel animal :
c'est un élan. »

rasoir

Papa se rase avec
un *rasoir* électrique.

remplir

Je *remplis*
ma tasse de lait.

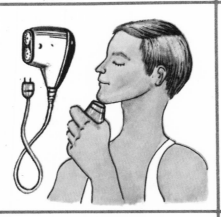

rat

Le *rat* mange le fromage.

remuer

Médor *remue* la queue
quand on le caresse.

recevoir

Jeanne a *reçu*
des cadeaux
pour sa fête.

rencontrer

J'ai *rencontré*
Catherine
dans la rue.

Rr

rendre

Yves me *rend* le livre
  que je lui avais prêté.

respirer

Nous avons besoin de
  respirer pour vivre.

Nous *respirons* par le
  nez et la bouche.

réparer

L'horloger *répare*
  les montres
  et les pendules.

ressembler

« Comme ces deux frères
  se *ressemblent* ! »

repas

Nous prenons trois *repas*
  dans la journée :
  le petit déjeuner,
  le déjeuner
  et le dîner.

rester

J'ai mangé le poisson :
  il *reste* les arêtes
  sur mon assiette.

répéter

Veux-tu *répéter* ?
Je n'ai pas
bien entendu. »

réveiller

Maman me *réveille*
  le matin,
  à 7 heures.

répondre

Jean-Luc *répond* à quelqu'un
  qui lui téléphone.

riche

Cet homme est *riche* :
  il a beaucoup d'argent.

Rr

rien

Je ne vois *rien*
  quand j'ai
  les yeux bandés.

rond, ronde

Le ballon est *rond*,
  les balles aussi.

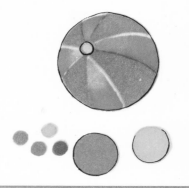

rire

Françoise *rit* :
  elle est contente.

roue

L'auto a
  quatre *roues*,
  le vélo
  en a deux.

rivière

La *rivière* coule
  dans la plaine.

rouler

La boule *roule*
  et renverse
  les quilles.

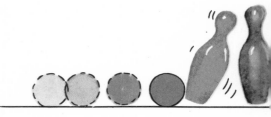

riz

Les grains de *riz*
  sont tout petits.

« Sais-tu où l'on cultive
  le *riz* ? »

route

La *route* est large.

Les autos
  circulent
  sur la *route*.

robe

Hélène a une *robe* rouge.

rue

La *rue* est
  bordée
  de maisons.

6 **7** **S s**

sac

Maman a un beau *sac*
à main.

sale

« Tu es tout *sale* :
veux-tu te laver ? »

age

Les enfants sont
sages :
ils s'amusent
gentiment.

sang

Je me suis coupé :
mon *sang* coule.

aison

Nous avons quatre *saisons* :
le printemps, l'été, l'automne et l'hiver.

sans

Nous marchons
sans souliers
sur le sable
de la plage.

LE PRINTEMPS

L'ÉTÉ

L'AUTOMNE

L'HIVER

santé

Je suis en bonne *santé* :
je ne suis pas malade.

sec, sèche

Le linge qu'on avait
étendu au soleil
est *sec*.

sauter

André *saute*
par-dessus la barre.

sel

Il y a du *sel*
dans la salière.

savoir

C'est intéressant
de *savoir* lire
pour connaître
beaucoup d'histoires.

semaine

Il y a sept jours dans la *semaine* :

lundi, mardi, mercredi,
jeudi, vendredi,
samedi, dimanche.

savon

Nous nous lavons
avec de l'eau
et du *savon*.

semer

Nous *semons* des graines
dans le jardin.

seau

Le *seau* est plein d'eau.

sentir

Je *sens* le parfum de la fleur.

Cette fleur *sent* bon.

serrer

Frédéric et moi,
nous nous *serrons*
la main.

sœur

C'est ma *sœur* :
nous avons
le même père
et la même mère.

serviette

Annie essuie ses mains
à la *serviette*
de toilette.

soif

J'ai *soif*,
car il fait très chaud.

seul, seule

« Es-tu tout *seul* ?
— Oui, mes parents
sont sortis. »

soir

C'est le *soir*,
le commencement
de la nuit.

si

« *Si* tu veux, nous irons
nous promener.

— Il fait *si* froid
que je préfère
rester à la maison. »

sol

Les plantes ont
leurs racines
dans le *sol*.

silence

« *Silence* !
Il ne faut pas
réveiller Bébé. »

soldat

Le *soldat* porte
un uniforme.

Ss

soleil

Le *soleil* nous éclaire
et nous réchauffe.

sortir

Les lapins *sortent*
de leur terrier.

solide

Cette ficelle est *solide*;
elle ne cassera pas.

soupe

Le soir,
nous mangeons
souvent
de la *soupe*.

sombre

Voici des couleurs *sombres*.

Voici des couleurs vives.

sourd, sourde

Ce monsieur est *sourd*:
il n'entend pas
ce qu'on lui dit.

sommeil

Je bâille parce que
j'ai *sommeil*.

sourire

Patrick *sourit*:
il est content.

sonner

Je *sonne* à la porte
pour qu'on vienne
m'ouvrir.

sous

Le chat est *sous*
la table.

sport

Voici différents *sports*.

athlétisme

tennis

golf

rugby

football

cyclisme

escrime

basket-ball

boxe

ski

tabac

Papa a mis du *tabac* dans sa pipe.

tailleur

Le *tailleur* nous fait des habits.

table

La bouteille et le verre sont sur la *table*.

se taire

En classe, il faut *se taire* et écouter.

tableau

La maîtresse écrit sur le *tableau*.

tard

Je me lève une heure plus *tard* le jeudi.

tarte

Maman a fait
une bonne *tarte*
aux fraises.

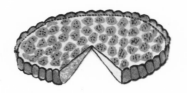

temps

Pour savoir le *temps*
qu'il fera,
je regarde le baromètre.

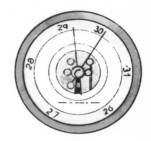

tas

Les enfants jouent
sur le *tas* de sable.

tendre

Robert *tend* la main
à Suzette.

tasse

Je verse le café
dans la *tasse*.

tenir

Christine *tient* une fleur
dans sa main.

téléphone

Philippe parle au *téléphone*.

tête

« Pourquoi baisses-tu la *tête*? »

télévision

Le soir je regarde
la *télévision*.

thé

J'aime mieux le *thé*
que le café.

timbre

Je colle le *timbre*
au coin
de l'enveloppe.

tort

J'ai eu *tort* :
j'avais dit
qu'il ne pleuvrait pas
et il pleut.

tirer

Bernard *tire*
à la carabine.

tôt

Je me suis levé *tôt*
aujourd'hui.

tissu

Nos vêtements
sont en *tissu*.

toucher

Je *touche* la glace :
je sens
qu'elle est froide.

toit

Cette maison
a un *toit*
en tuiles.

toujours

Les sapins sont *toujours* verts.

tomber

Agnès est *tombée*
en faisant
du ski.

tour

C'est à mon *tour*
de jouer.

tourner

Le cerceau *tourne*, *tourne*.

travail

Tout le monde a
du *travail*.

Voici le *travail*
du potier.

tousser

Jean-Paul a pris froid,
il *tousse* beaucoup.

traverser

Gérard *traverse*
la rue.

tout, toute

Bébé a bu *tout* le lait
qui était dans
son biberon.

très

Le saint-bernard
est un
très gros chien.

train

Jacques joue avec
son *train* électrique.

tricot

En hiver, je porte un *tricot*
pour avoir plus chaud.

tranquille

Bruno est *tranquille*,
il regarde un livre
d'images.

triste

Jeanne est *triste*
parce qu'elle a cassé
sa poupée.

LES TRAINS

« Connais-tu ces locomotives et ces *trains?* »

1. Wagon impérial Napoléon III.

2. Locomotive à vapeur (modèle ancien).

3. Locomotive électrique.

4. Le « Transalpin » en gare de Paris-Lyon.

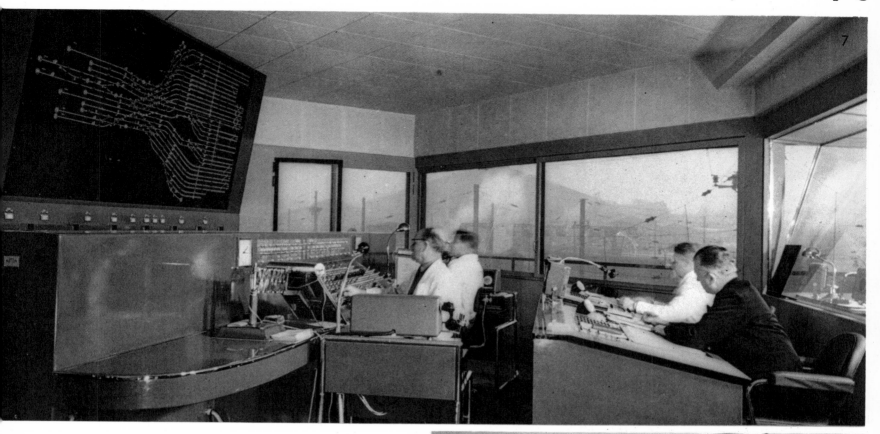

5. Locomotive diesel.

6. Le « Mistral » en gare de Paris-Lyon.

7. Vue intérieure du poste d'aiguillage de la gare de Paris-Nord.

8. Grand hall de la gare d'Amiens.

9. Gare moderne de la S.N.C.F.

(Clichés S.N.C.F., Service des Relations extérieures)

Tt

trois

Voici *trois* poires.

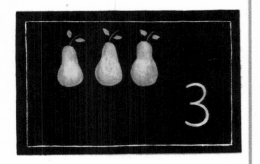

trottinette

Marc joue avec
sa *trottinette*.

tromper

Je me *trompe* quelquefois
en comptant.

trou

Rémi creuse un *trou*
dans le sable.

trompette

La *trompette* est
un instrument de musique.

trouver

J'ai *trouvé*
une bille par terre.

tronc

Le *tronc* de l'arbre est gros,
il n'a pas de feuilles.

tu

« Veux-*tu* venir
avec moi ? »

trop

Ces souliers sont
trop grands pour moi.

tuyau

L'eau circule
dans les *tuyaux*.

un, une

'ai *un* crayon
et *une* gomme.

usine

Les ouvriers
travaillent
dans des *usines*.

urgent, urgente

l est *urgent* de transporter
le blessé à l'hôpital.

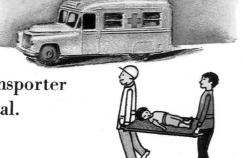

ustensile

Voici des *ustensiles*
de cuisine.

usé, usée

n a fait un épouvantail
avec de vieux habits
usés.

utile

Le marteau est *utile* :
il sert à enfoncer
les clous.

V v 20

vacances

Pendant les *vacances*
   nous allons
   à la mer.

venir

« *Viens* ici, Fido ! »

vache

La *vache* donne du lait.

ventre

Pierrette est couchée
   sur le dos
   et Jacques
   est couché
   sur le *ventre*.

vendre

Le marchand *vend*
   du café,
   du sucre,
   des légumes.

vérité

Il faut toujours
   dire la *vérité*.
   Il ne faut pas
   mentir.

Vv

verre

Ces objets sont en *verre*.
Je bois dans un *verre*.

vieux, vieille

Le *vieux* monsieur marche avec une canne.

vers

Pierre va *vers* la maison.

village

Mes grands-parents habitent dans un *village*.

veste

Voici la *veste* d'Hubert.

ville

Dans notre *ville*, il y a un quartier très moderne.

viande

Le boucher prépare la *viande*.

vin

Le *vin* est fait avec le jus des raisins.

Il y a du *vin* rouge et du *vin* blanc.

vide

Le placard est *vide*.

vite

Nous allons *vite* quand nous courons.

vivre

Les poissons *vivent*
dans l'eau.

Certains animaux *vivent*
dans la terre.

vouloir

« *Veux*-tu encore
du gâteau ? »

voir

Nous *voyons*
avec nos yeux.

vous

« *Vous* êtes gentils
de venir
nous voir. »

voisin, voisine

Nos *voisins*
ont leur maison
tout près de la nôtre.

voyage

Papa a fait
un *voyage*
en avion.

voiture

Voici la *voiture* de Bébé.
Papa conduit
notre *voiture*.

voyelle

Voici les *voyelles*.

voler

Le papillon *vole*
dans l'air.

vrai, vraie

Cet autobus n'est pas
un *vrai* autobus :
c'est un jouet.

wagon

La locomotive
   tire les *wagons*.

Voici un *wagon* de marchandises.

yack

Le *yack* est une espèce
   de gros bœuf.

xylophone

Je fais de la musique
   sur mon *xylophone*.

yogourt

Nous prenons un *yogourt*
   à la fin du repas.

yacht

Un *yacht* est un
   très joli bateau.

yo-yo

Hervé joue avec son *yo-yo*.

zèbre

Le *zèbre*
a un pelage rayé.

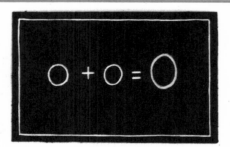

zigzag

Ce trait est
en *zigzag*.

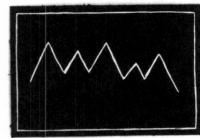

zéro

Zéro est un chiffre.
Il n'a pas
de valeur.

zinc

La girouette
est en *zinc*.

zibeline

La *zibeline*
a une
belle fourrure.

zoo

Nous allons voir
les bêtes
au *zoo*.

FRENCH LANGUAGE AND GRAMMAR

Some simple points to help understanding

WORDS

Every word is made up of letters.
All the different letters together form the alphabet.
Try to say the alphabet from a to z.

WORDS OF THE SAME FAMILY

Words, like people, are grouped in families. Thus the
word *'grand'* (large) is the chief word of a whole family;
from this word come the words *grandir* — to grow;
grandeur — size; *agrandir* — to enlarge; *agrandissement* —
enlargement, and many more.
Find several words from the family of *'bon'*.

WORDS WHICH ARE LIKE EACH OTHER

Some words have the same sound, but they have not the
same meaning. Be careful how you spell these words.

Examples:

du pain	un pin	de l'encre	une ancre
some bread	a pine	some ink	an anchor

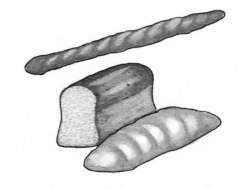

COMMON NOUNS AND PROPER NOUNS

1. Nouns (names) such as *le garçon*—the boy; *la fille*—the girl; *le chien*—the dog; *la ville*—the town, are common nouns. They are common to every boy, every girl, every dog, and to every town.

2. Nouns (names) such as *Nicholas, Françoise, Médor,* and *Marseilles,* are proper nouns. They belong to one boy only, or one girl, to one dog, or one town.
Proper nouns are written with a capital letter.

MASCULINE AND FEMININE

THE GENERAL RULE

To make a noun feminine, add an *e* to the masculine form of the noun.

Example:

Un marchand	Une marchande
A shop-keeper (man)	A shop-keeper (woman)

EXCEPTIONAL CASES

1. A masculine noun ending in *er* makes its feminine with *ère*

Example:

Un berger	Une bergère
A shepherd	A shepherdess

2. Certain nouns ending in *n* or *t* in the masculine double these in the feminine.

Example:

Un chien	Une chienne	Un chat	Une chatte
A dog	A female dog	A cat	A female cat

3. Certain nouns make their feminines with *euse* or *ice.*

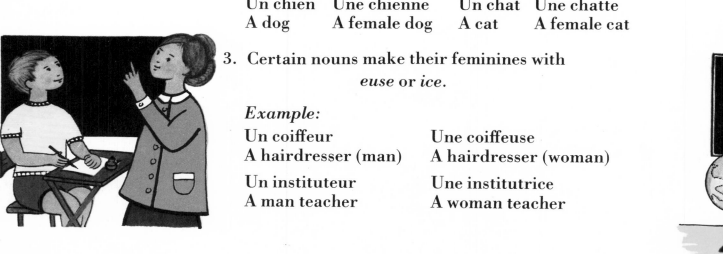

Example:

Un coiffeur	Une coiffeuse
A hairdresser (man)	A hairdresser (woman)
Un instituteur	Une institutrice
A man teacher	A woman teacher

SINGULAR AND PLURAL
THE GENERAL RULE

The most usual way to make the plural of a noun
is to add *s* to the singular.

Example:

Un mouton   A sheep   Des moutons Some sheep

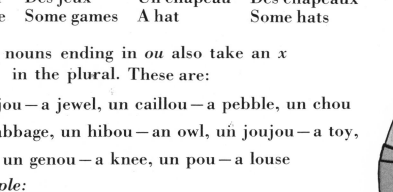

EXCEPTIONAL CASES

1. Most nouns that finish in *eu* or *au* take an *x*
   in the plural.

   Example:

   Un jeu   Des jeux   Un chapeau   Des chapeaux
   A game   Some games   A hat   Some hats

2. Seven nouns ending in *ou* also take an *x*
   in the plural. These are:

   Un bijou—a jewel, un caillou—a pebble, un chou
   —a cabbage, un hibou—an owl, un joujou—a toy,
   un genou—a knee, un pou—a louse

   Example:

   Un bijou   A jewel   Des bijoux Some jewels

3. Most nouns which end in *al* make their plural *aux*.

   Example:

   Un cheval A horse   Des chevaux   Some horses

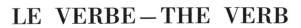

LE VERBE—THE VERB
PRESENT

Conjugate a verb, for example the
verb *chanter* to sing.

Je chante
(I sing)

Tu chantes
(You sing)

Il (ou elle) chante
(He [or she] sings)

Nous chantons
(We sing)

Vous chantez
(You sing)

Ils (ou elles) chantent
(They sing)

PAST

J'ai chanté
(I have sung)

Tu as chanté
(You have sung)

Il (ou elle) a chanté(e)
(He [or she] has sung)

Nous avons chanté
(We have sung)

Vous avez chanté
(You have sung)

Ils (ou elles) ont chanté(e)
(They have sung)

FUTURE

Je chanterai
(I shall sing)

Tu chanteras
(You will sing)

Il (ou elle) chantera
(He [or she] will sing)

Nous chanterons
(We shall sing)

Vous chanterez
(You will sing)

Ils (ou elles) chanteront
(They will sing)

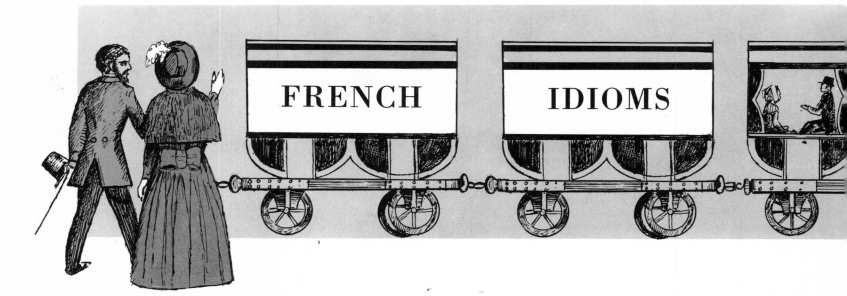

(Below the French is a close translation: the next line gives the nearest English equivalent.)

Il est casse-cou.
(*He is break-neck.*)
He is reckless.

Il est tout cousu d'or.
(*He is all stitched with gold.*)
He is rolling in money.

Il a la tête dure.
(*He has a hard head.*)
He is a blockhead.

Ils se ressemblent comme deux gouttes d'eau.
(*They resemble each other like two drops of water.*)
They are alike as two peas in a pod.

J'ai un faim de loup.
(*I have the hunger of a wolf.*)
I am as hungry as a hunter.

Il jette son argent par les fenêtres.
(*He throws his money out of the windows.*)
He spends money like water.

Il est fort comme un Turc.
(*He is as strong as a Turk.*)
He is as strong as an ox.

Il a pris ses jambes à son cou.
(*He has taken his legs to his neck.*)
He took to his heels.

C'est une mauvaise langue.
(*He is an evil tongue.*)
He is a back-biter.

A vol d'oiseau.
(*Like the flight of a bird.*)
As the crow flies.

Il fait la sourde oreille.
(*He makes a deaf ear.*)
He turns a deaf ear.

Il est comme un poisson dans l'eau.
(*Hè is like a fish in the water.*)
He is happy wherever he goes.

A la queue leuleu.
(*At the wolf's tail.*)
In Indian file.

Il ne remue pas le petit doigt.
(*He does not move his little finger.*)
He doesn't lift a finger to help.

C'est vieux comme les rues.
(*It is as old as the streets.*)
It is as old as the hills.

Il a plus d'un tour dans son sac.
(*He has more than one trick in his bag.*)
He has more than one trick up his sleeve.

Il a perdu la tête.
(*He has lost his head.*)
He has lost his wits.

Il boit comme un trou.
(*He drinks like a hole.*)
He drinks like a fish.

PROVERBS

Aide-toi, le ciel t'aidera.
Heaven helps those who help themselves.

Après la pluie vient le beau temps.
After rain comes good weather.

L'argent ne fait pas le bonheur.
Money does not make happiness.

Tout vient à point à qui sait attendre.
Everything comes to him who waits.

On a souvent besoin d'un plus petit que soi.
One often needs someone smaller than oneself.

Qui casse les verres, les paye.
He who breaks the glasses pays for them.

Quand les chats n'y sont pas, les souris dansent.
When the cat's away, the mice play. (Literally 'dance'.)

Rien ne sert de courir, il faut partir à point.
Nothing is gained by running, one must leave on time.

Qui dort, dîne.
He who sleeps, dines.

Bien faire, et laisser dire.
It is better to do and leave others to talk.

L'habit ne fait pas le moine.
Clothes do not make the man. (Literally 'the monk'.)

Loin des yeux, loin du coeur.
Out of sight, out of mind.

Il n'y a pas de sot métier.
There is no such thing as a senseless trade or profession.

Pierre qui roule n'amasse pas mousse.
A rolling stone gathers no moss.

Qui se ressemble s'assemble.
Birds of a feather flock together.

Tel qui rit vendredi, dimanche pleurera.
He who laughs on Friday, will cry on Sunday.

La parole est d'argent, mais le silence est d'or.
Speech is silver, but silence is golden.

Rien de nouveau sous le soleil.
There is nothing new under the sun.

Mieux vaut tard que jamais.
Better late than never.

Le temps perdu ne se rattrape jamais.
Time lost cannot be regained.

Il vaut mieux tenir que courir.
A bird in the hand is worth two in the bush.

Ventre affamé n'a point d'oreilles.
An empty stomach has no ears.

Vouloir, c'est pouvoir.
What you want to do, you can do.

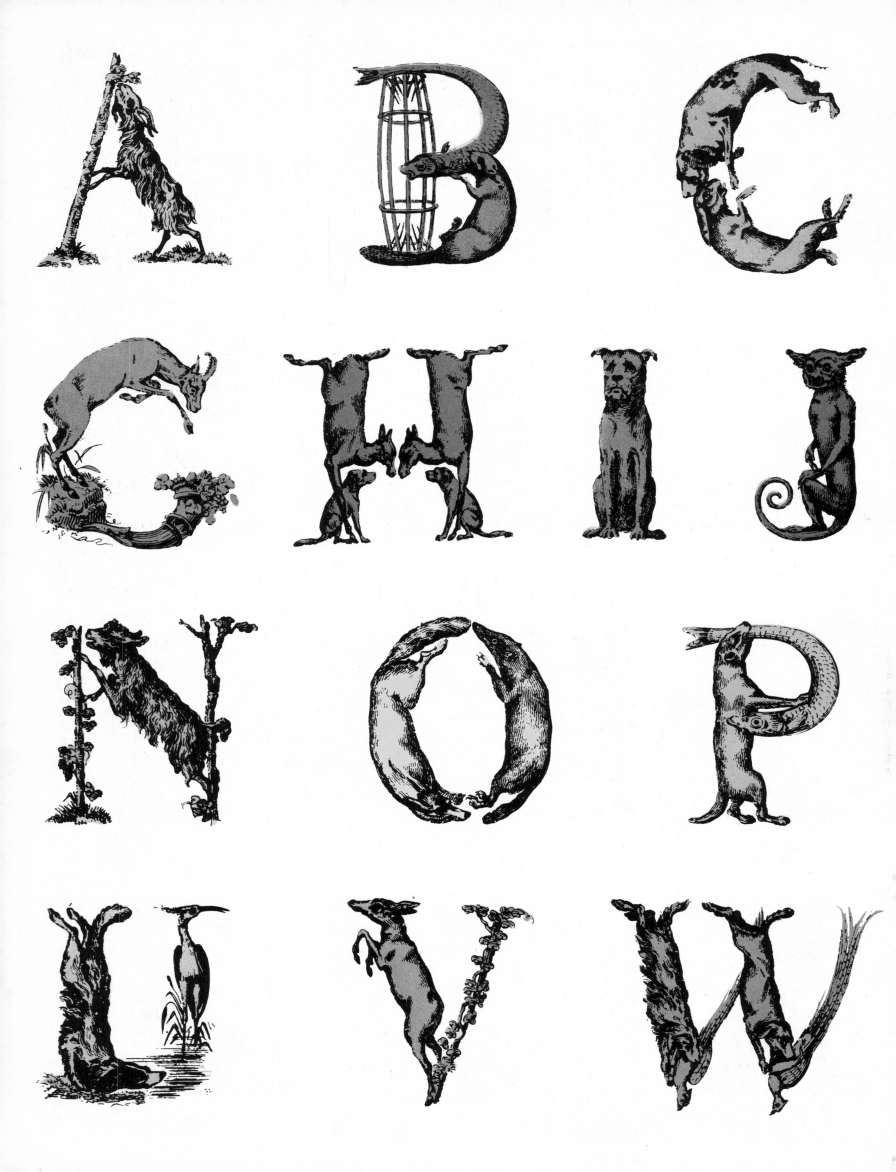